国際政治経済学新論

――新しい国際関係の理論と実践――

川戸秀昭
円居総一
小林　通　共編

時潮社

国際政治経済学新論　目　次

序　章　国際政治経済学とは何か　　　　　　　　円居　総一　5

第1部　国際政治経済学理論の系譜
第1章　重商主義から経済リベラリズムへ　　　　小林　通　17
第2章　リベラリズムの台頭とその発展　　　　　小林　通　32
第3章　新リベラリズムからマルクス主義まで―理論の変遷―

　　　　　　　　　　　　　　　　　　　　　　　川戸　秀昭　45

第2部　変貌する国際社会と国際政治経済学
第4章　グローバル化と世界的な物価水準の収れん傾向

　　　　　　　　　　　　　　　　　　　　　　　法專　充男　63

第5章　エネルギー革命の政治経済学　　　　　　円居　総一　77
第6章　東アジア経済共同体の可能性―日中韓の経済協力を中心に―

　　　　　　　　　　　　　　　　　　　　　　　申　昌鉉　122

第7章　EU　―その統合と陥穽―　　　　　　　千葉　千尋　152
第8章　進展する流通システムと国際物流
　　　　―東アジア市場を巡る水平的競争優位の物流を目指して―

　　　　　　　　　　　　　　　　　　　　　　　蓼沼　智之　193

第9章　多国籍企業とグローバリゼーションの産物　陳　文挙　226
終　章　終章に変えて―新重商主義の再台頭　　　小林　通　244

執筆者紹介　　　　　　　　　　　　　　　　　　　　　　245

コンセプト：国際関係論という学問が戦争の原因・過程と影響に関する研究から始まり、冷戦の崩壊を経てグローバル化が進むにつれ、より経済面からの事象を研究する必要性が生じ、国際政治経済学に発展した。この本のコンセプトとしては、これまでの国際政治経済学に関する理論体系を現代に相通じるものとそうでないものに整理すること。また、現代の国際社会における国際政治経済に関連して様々な分野が存在するが、それぞれについて研究を行っておられる研究者の方々の専門分野の研究を通じて1つの研究対象から他の事象に応用することのできる理論へと昇華させることにある。

序 章　国際政治経済学とは何か

円居　総一

　経済発展と社会構造の変化を歴史的に振り返って見れば、国際化やグローバル化も基本的には社会の基礎構造である経済活動、そこにおける生産構造の変化への適応過程と捉えることができる。都市国家から封建国家、そして現在の民族国家への変遷過程には、道路や運輸手段の発達による生産関係の変化や産業革命による生産構造の一大変化があったのは周知のところだ。19世紀後半からの経済の国際化から現下のグローバル化への流れも、経済活動が国境を越えて一国国民経済を前提とした国家管理や世界システムの変容を余儀なくさせることで国際社会を大きく変貌させてきた。だが、経済の自然な発展経路としての国際化やグローバル化も一直線に進んできたわけではない。その変化への反作用という渦を巻き起こしながら国際社会を変容させてきた。すなわち、古典的な国益や主権を無意味化し、民族国家の枠を超えた制度の融合とグローバル・スタンダード化を推し進める作用に対する反作用として、この経済の無国籍化に歯止めをかける、あるいはその流れの先に自国に有利な国際システムや自国のスタンダードに則った広域共同体を構築して行こうとする動きなど、「経済（問題）の政治化」の動きが働いてきた。現下のFTA（自由貿易協定）やEPA（経済連携協定）、TPP（環太平洋経済連携協定）論議あるいはリーマンショックとEUの国家債務危機を受けての銀行の国際健全規制の改革論議などにもそうした作用と反作用の交錯が窺われる。反作用としての「経済の政治化」現象は、1960年代から本格化した米企業を中心と

する多国籍企業化や1970年代に入っての石油ショックに象徴されるエネルギーと資源問題の台頭および戦後の国際金融・経済秩序を規定してきたブレトンウッズ体制の崩壊に直面して顕著となり、今日に至っている。

　国際社会のこうしたダイナミックな葛藤と変容は、国際経済と国際政治の相互連動性を度外視しては論じ得ない。だが、それを体系的に採り込んだ学究的理論枠組みや分析手法は必ずしも整っているわけではない。学問としての「国際政治経済学」となると、その概念やイメージにはかなりの相違が存在する。大別すると、1つは伝統的な国際関係論の範疇で国際政治経済学を位置付けたアプローチである。すなわち、国際政治経済学を国際関係論の一部と位置付け、国際政治学の範疇で経済事象を捉える、あるいは政治事象と併せ考察するアプローチである。日本で最も早く国際関係論の講座を導入した東京大学の国際関係研究はこのアプローチに近い。実際、国際関係論の共通理解を目的に纏められた『国際関係研究』（東京大学出版会、1996）では、日本の国際関係論のパイオニアの一人である川田の領域分類を引用して、国際政治経済学を、「〔国際学〕⊃〔国際関係論〕⊃〔国際政治経済学〕」と位置付けている。

　もう1つのアプローチは、国際社会や国際関係における政治と経済の連動性、相互作用に重点を置き、経済事象を中心対象として分析を進めるアプローチである。日本では、京都大学を中心とした国際関係の研究がこのアプローチに近い。両者の背後にある国際関係と国際政治経済学に関するイメージはかなり異なっているが、いずれにしても、国際政治経済学の起源に共通するのは、E.H.カーやモーゲンソーによって基礎づけられた当初の国際関係に関する研究が政治、法律や外交史に偏っていたことへの反省にあろう。実際、国際政治経済学の原

点はその反省に立って米国の研究者を中心として国際関係の研究に経済と政治の分析を組み合わせることが提案され、政治思想としてのリベラリズム、リアリズム、そしてマルキシズムの3つの思想からの接近を軸に新しい国際政治経済学を開拓していくことにあった。だが、それは、経済思想とは関連するものの、経済活動のメカニズムを含む経済学の理論やアプローチ手法を組み入れたものではなかった。特に前者のアプローチはその学問領域の位置付けと併せ、従来の国際関係論の範疇を出るものではなかった。一方、両者に共通する国際政治経済学の学問的特徴としては、国際関係論にも共通する「学際性」の他、「国際秩序」への模索志向と国際政治経済の全体像を1つのシステムとしてマクロ的に把握しようとする「マクロ志向」(川田、2003)が挙げられる。

「国際政治経済学」の主たる研究対象は国際関係に関わる政治、経済事象となろうが、安全保障問題に焦点をおいた従来型の国際関係論、あるいはその主たる分析枠組みとなってきた国際政治学と同一ではない。国際関係は、国家や国家以外の主体が国境を挟んで織りなす活動の集約的現象として要約される。その動態を科学的分析枠組みから体系的に捉えようして始まったのが国際関係論であった。それは平和の探求を目指す学問として1920年代にカーやモーゲンソーの業績に沿って基礎付けられた。その後、第2次大戦を経て民間経済主体が国際関係の主要プレーヤに台頭し、経済問題への取り組みの重要性が高まってきたことを受けて、国際関係論は、平和と繁栄を目指す学問として再定義され発達してきた。研究対象としての国際関係はその構成要因の多様性に照らせば全社会科学的な領域に及ぶことになるが、それでは学術的分析枠組みの設定はできない。実際、その発達の経緯から、国際関係論は、主権国家を行動主体として安全保障に関わる事象に焦

点を置き、学術的には（国際）政治学の範疇で、力の配分と権力構造が織りなす政治現象として考察されてきたと言える。しかし、第2次大戦後間もなくしての多国籍企業の出現など経済的要素が国際関係に大きな影響を及ぼすようになった。国際政治経済学構築の試みはこうした国際関係論の再定義と絡んで、従来の国際関係論ではカバーしきれない事態への改善を図る動きであったと言うことができよう。こうした史的展開に照らすなら、国際政治経済学が目指した学問領域は、先の川田の領域分類とは異なり、〔国際政治経済学〕⊃〔国際関係論〕と位置付けられよう。

　先の「国際政治経済学」のアプローチ大別による第2のアプローチが、この国際政治経済学が本来目指した、あるいは目指すべき学問領域により合致していると言えよう。政治と経済の連動性に焦点をおいて、社会の構造変化を規定する経済事象から国際関係の分析を進める、この現実変化により適った新しい分析枠組みを提示し、既存の国際関係論に代わり得る政治経済学、その本来のアプローチへの道を開拓しようと努めたのが、故 S. Strange ロンドン大学教授であった(Strange、1984、1988)[1]。国際関係の基本構図（権力の構図）を、相対的力と構造的力から分析する枠組みを提示し、国際関係の分析に画期的理論枠組みを提示した。それは力の配分に焦点がある政治学に、その力の源泉としての富の生産と分配に関わる学問としての経済学的接近を組み合す画期的な提示であった。その新たな枠組みの下で、相対的力とは、経済力や軍事力の行使に関わるフローの相対的力関係を指す。戦後の日本の経済大国化による日米の力関係の変化や最近年の中国の急速な経済発展を始めとするBRICsの経済大国化による国際的な力関係の変化などがそれに当る。一方、構造的力とは、それらフローの行動の源泉となるストックとしての政治力学（権力）構造である。

Strangeは、構造的力を構成する要因として、安全保障構造、生産構造、金融構造、知識構造を挙げ、相対的力と構造的力が織りなす国際関係の力学を、政治経済学の文脈で分析を試みた。このStrangeの分析枠組みの根底に流れるのは、国際関係における国際政治と国際経済の連動性であり、国内の社会現象を含め社会現象である以上、両者は不可分の関係にあり、その連動関係の分析無くして国際関係という現象の本質を見極めることはできない、という認識である。

これは20世紀初頭以降の政治学と経済学の分化専門化で失われてきた全体性と学際性の統合体系化への挑戦でもあり、またその体系的視点を欠いたアメリカ流の単純な覇権理論などからの国際関係論アプローチへのアンチ・テーゼともなった。実際、米国流の国際関係論アプローチ、あるいはそれを軸とする、「国際関係政治学」ないし「国際政治関係学」とでも呼ぶべき狭義のアプローチでは力の源泉とその構造変化を捉えることは困難で、せいぜいStrangeの提示する相対的力関係の範疇でのフローの現象とその相対関係の変化の描写に終始してきたのが実体であったと言えよう。

「国際政治経済学」への画期的道を開き、多くの重要な業績を残したStrangeであったが、そのアプローチと業績は、正確に言えば、石井（1999年）[2]も指摘するように、「国際経済現象を政治学的な手法を用いて分析」しているから「国際経済政治学」という分類概念に近い。その継承、発展者としてのスペロやギルピンも同様であった。例えば、スペロの大著（Spero、1985）、その原題、*The Politics of International Economic Relations,*（邦訳『国際経済関係論』）が示すように、国際経済関係を政治学の枠組みで分析し、国際経済秩序を探っている。但し、Strange自身はそうした分類・囲い込みを最も忌み嫌った。同時に、経済学的視点と分析手法からの参入を歓迎するとともに、その

アプローチはオープン性を残した学際性と体系化としての全体性を目ざしていた[3]。「国際政治経済学」はこの意味で、国際関係の大層を占める政治経済問題を、政治学的あるいは経済学的視点から、または政治学と経済学両方の視点を研究者個人が併せ持って分析を進める学問ということになろう。両分野を消化して研究を進めるのは容易ではない。特に、経済学的視点からの分析は、20世紀初頭の経済学と政治学の分離以来経済学が価値観と絡む政治問題や政治経済問題に関与を避けてきたため、（キンドルバーガーなどごく一部の学者を除いて）経済学の分野からはほとんど開拓されてこなかった。それがStrangeが期待した経済学の視点からの接近の広がりを妨げてきたと言えよう。同時に、国際関係の研究者も、特に日本では、政治学を中心に、法学、歴史学や社会学の出身者が多いことでは学際性を擁していたものの、経済学の知識基盤を兼ね備えた研究者は少なかった。これらによって「国際政治経済学」の本来の発展が妨げられてきたと言えよう。

だが、グローバル化の浸透を受けて、ここにきて経済学者や実務家エコノミストから国際政治経済問題への言及、あるいは政策科学的問題意識からの「国際政治経済学」の本来的文脈に沿った研究が広まってきた。20世紀初めに経済学が志向した自然科学と同一の客観的運動法則などが社会科学の中に成立するはずはなく、また同等な客観性も期待できない。その知識の応用としての政策は主観的な政治プロセスを経て実行に移される。国際政治経済学の扱うべき対象は、国際貿易、国際金融の他、多国籍企業に始まり、国際労働移動、地域経済統合、経済発展と開発援助、グローバリゼーションや情報化とエネルギー・地球環境問題など今日多岐に広がってきた。その反面で、これら国際経済問題と政治の連動、またそれらへの政策対応に関し、経済学の基本理論を欠いたままでの政治、政策論議が応々にして行われ、誤った

対応や政策が問題の悪化を助長する事態も招いている。今日のグローバル化した世界においてはそうした知識不足や誤った解釈の乱用が、国内のみならず世界的にも大きな悲劇をもたらしかねない。こうした問題意識や危機感を反映して、1990年代半ば以降から経済学者からの国際政治経済問題への言及が増えてきた。クルーグマンなどはその好例であろう。「国際政治経済学」はこのように新しい視点からのアプローチが広がり始めている。

　以下に続く本論では、この「国際政治経済学」の新たな胎動と経済・社会のグローバル化の浸透を踏まえて、経済学や国際政治経済学、あるいは政治学を専攻する研究者が、新しい学際意識の下で国際社会が抱える問題や政策課題、構造変化などの解説、分析を進めている。そこに共通するのはStrangeの提示を嚆矢とする新しい「国際政治経済学」、従来の「国際関係論」に代わる学際性と全体性を備えた国際政治経済学の視点からの接近である。これらを通して複雑化する国際関係と国際社会の実態に向けて読者の関心が鼓舞され、本書が学部学生や院生、社会人や研究者を問わず、日本や世界を取り巻く、あるいは国際社会に内包する諸問題や課題をどう捉え、どう考えて言ったら良いのか、その理解と論議に向けた1つの道標ともなれば編者ともどもに執筆者一同これに優ることはない。

注
1）Strange教授の多数の著作の中でも*STATE AND MARKET : An Introduction to Political Economy*（1988）（西川潤・佐藤元彦訳『国際政治経済学入門—国家と市場』東洋経済新報社、1994年）にそのアプローチ枠組みが明確に示されている。特にプロローグと第2章参照。

2）石井貫太郎 1999、花井等編『名著に学ぶ国際関係論』第22章pp. 258-265参照。

3) 例えば、Strange 編(1984), *Paths to INTERNATIONAL POLITICAL ECONOMY* (町田実監訳『国際関係の透視図―国際政治経済学への道』文眞堂、1978年),第9章 pp.181-197, "What about International Relations?" 参照。

参考文献

石井貫太郎・花井等編『名著に学ぶ国際関係論』第22章、有斐閣、1999年

岩田一政・小寺　彰・山影　進・山本吉宣編『国際関係論入門』東京大学出版会、1996年

川田　侃・大畑英樹編『国際政治経済学辞典』(第2版) 東京書籍、2003年

森嶋道夫『思想としての経済学』岩波書店、1994年

Bell, D. and Kristol, I, eds. 1981. *The Crisis in Economic Theory*, Basic Book, Inc., Publishers.（中村達也・柿原和夫訳『新しい経済学を求めて』日本経済新聞社、1985年）

Car, Edward H. (1946), *The Twenty Years' Crisis 1919-1939*, London, Macmillan.（原彬久訳『危機の二十年―理想と現実』岩波文庫、2011年）

Dougherty, E. and Pfaltzgraff, R L, eds. 1981. *Contending Theories of International Relations, A Comprehensive Survey* (second edition), Harper & Row, Publishers, Inc.

Gilpin, R. 1987. *The Political Economy of International Relations*. Princeton University Press.

Hollist, W L., and Tullis, F L, eds.1985. *International Political Economy*, Frances Pinter (Publishers).

Keohane, Robert O. and Nye, J.S. eds. 1972. *Transnational Relations and World Politics*. Harvard University Press.

Kindleberger, Charles P. 1970. *Power and Money: The Economics of International Politics and Politics of International Economics*, New York, Basic Books.

Kindleburger, C P. 1978. *Economic Response: Comparative Studies in Trade, Finance and Growth*. Harvard University Press.

Kindleburger, C P. 1978 *Manias, Panics, and Crashes: A History of Financial Crises*. New York, Basic Books.

Kuttner, R. 1991. *The End of Laissez-Faire: National Purpose and the Global Economy after the Cold War*. John Brockman Associates, Inc. New York.（佐和隆光・菊谷達弥訳『新ケインズ主義の時代』日本経済新

聞社 1993年)
Morgenthau, Hans J.(1948), *Politics among Nations : The Struggle for Power and Peace,* Alfred A. Knopf Inc.
Rodrik, D. 2011. *The Globalization Paradox,* Oxford University Press.
Skidelsky, R. 2009. *Keynes: The Return of the Master,* Allen Lane, London. (山岡洋一訳『なにがケインズを復活させたのか』日本経済新聞社、2010年)
Spero, J. 1985. *The Politics of International Economic Relations.* London, Allen & Unwin. (小林陽太郎 首藤信彦訳『国際経済関係論』東洋経済新報社 1988)。
Strange, S. 1970. "International Economics and International Relations: A Case of Mutual Neglect". *International Affairs,* 46, No2, April.
Strange, S.(ed.) 1984. *Paths to International Political Economy.* London, Allen & Unwin.
Strange, S. 1988. *States and Markets: An Introduction to International Political Economy,* London, Pinter Publishers. (西川潤 佐藤元彦訳『国際政治経済学入門』東洋経済新報社、1994年)。

第 1 部

国際政治経済学理論の系譜

第1章　重商主義から経済リベラリズムへ

第1節　はじめに

　重商主義時代は、15世紀後期から18世紀後期の約300年の期間として捉え、18世紀末の英国産業革命前夜に至るまでといわれている。重商主義に関して、その概念解釈は取りも直さずこの時代的分岐点においても異なった捉え方がなされている。例えば、「その時代をトマス・アクィナスと18世紀末葉の英国産業革命との間の時代にはさまれる500年の期間の後半期に当たっている[1)]」という思考がある。これは、重商主義時代をさらに広義の意味で捉えて、時代的発展段階の相違するヨーロッパ各国において発生し形成された新しい経済体制として重商主義の政策的特徴のすべてを包含するところから来ている。

　このような長き期間を通じてその一般的な理論的枠組は、初期には倫理的、宗教的面からのさまざまな行動原理に伴って生誕した規範的な意義を有するものを演繹的手法によって経済問題に関してその要素を構築するものであったが、17、18世紀に至っては当時の実業家、貿易商人や行政官等の知的階級である人たちが、多様な政治経済問題に対して自己の日常的観察や常識的見解に基づいたさまざまな経験的、一般的命題から導き出された種々の推論を演繹的分析によって規範的な意義（時には、統計的・数字的な資料に基づいた実証的なそれに接近するキングやペティのような人々がいたが）を持たせるものであった。そのため、これらの説明論的分析の流れは、非常に長期間にも拘らず、国民国家の出現期というこの時代を通じて時代通貫的に特徴をなすものであった。[2)]

第2節　重商主義の特徴

　重商主義に関して的確な理論を展開したE.F.ヘクシャーは、「重商主義という言葉は、フランスの重農主義者（フィジオクラート）によって用いられていたが、アダム・スミスを通じて一般的流行を見るに至ったものである[3]」と述べ、さらに「スミスは、重商主義の著述家たちの貨幣観の攻撃に始まっているが、その議論の大部分は、商業政策に関するものであり、結論的には重商主義を保護主義として取り扱った[4]」として捉えていた。しかしドイツ歴史学派のグスタフ・シュモラーによれば、重商主義は、本質的に1つの経済的統一の政策であり、それは、中世的状態からひき起こされた分裂を克服するために、最初はドイツに現れた君主の努力を表現するものであった。すなわちそれは、近代国家建設のための政策体系といった広義的意味に解釈され、かなりに異なった用法が与えられることになった[5]。

　この見解の不一致は、主として経済政策の目的と手段との間の混乱に起因したものであるが、それらのいずれもが、中世と産業革命との間の時期に於ける経済思想の発展上の基本的に重要な要因を指摘するものである[6]。すなわち、もし重商主義をもって国家的経済統一上の制度と考えるならば、中世末期における多くの大陸諸国家統治者のために用意された大きな仕事であったことは明白である[7]。

　新大陸の発見や宗教改革がその幕開けとなった16世紀は、中世の封建社会およびその制度の崩壊と封建貴族の勢力を完全に抑える時期であり、またそれは、中央集権国家の確立期でもあった[8]。そのため、またこの時期は、近代の資本主義的経済社会の基礎となった産業革命の到来には至らなかったが、資本主義の発展に於けるあらゆるテイク・

オフの条件が既に準備されていた。この時代は、封建的勢力がまだ政治的存在であったが、もはや支配的な勢力ではなかった。例えば、ヘンリー7世は封建貴族の勢力の根底となっていた家臣団の解放を行った。古きものも新しきものも支配的規制力ではありえない過渡期においては、政治的権力たる国家は極めて強力な勢力を獲得し、一人政治の分野のみに留まらず、直接的にそれが経済的勢力となり、経済部門の強力な指導者となった。ここにいわゆる絶対王政主義国家が成立したのである[9]。

16世紀に入ってヨーロッパ経済は、全体として交換経済、すなわち貨幣経済の時代に入っていった。中世の自給自足の自然経済社会からしだいに商品流通の拡大を見るとともに、貨幣は、絶対的に一般的富の形態として急速に発展していった。封建制度においてはものを生む母たる土地が主であったが、その崩壊した時期においては貨幣がその地位にとって変わって主となった。貨幣を所有し駆使し、増殖する商業資本家の勢力が高まり、ヨーロッパの経済政策に著しい変化をもたらすに至った。

資本主義発生期は、生産に対する商業の優越性をもって特徴とする。生産部門の圧倒的な部分は、なお自然経済的性格を持ち続けて、商品としての物の生産は、まだ弱さをもっていた。真のブルジョア的経済活動は、商品流通の部門においてであった。商人は、零細な生産者群の上に立ち、かれらの目的である貨幣に利を発生させ、自己の貨幣を投じて商品に替え、その販売によって商業利潤を得ていた[10]。

この時期における重商主義の主体は、かかる絶対王政主義国家であり、新しい勢力である商業資本の利益を代表することになった[11]。当時の君主と資本家の間には、利害関係にかなりの程度共通項があった。国内に於ける金、銀（地金も含む）などの貴金属の量を可能な限り増

大させようとする関心事は、当然のこととしてより両者に共通するものがあった。しかし特に両者を接近させたものは、中世的、都市的、封建領主的勢力に対する共通の敵対関係であった。この地方割拠的勢力は、君主支配の大国的規模への拡大の障害をなすとともに、また当時飛躍せんとする資本主義をツンフト（同職組合）的、または関税的諸制度をもって拘束するものであった。両者の結合はきわめて当然だったとも言える。かくして、絶対主義国家は資本主義的利益の、就中資本主義的工業と大規模な外国貿易との保護育成者となった。

　しかし常に重商主義は、絶対王政が敷かれていた国家の政策や思想の体系であったわけではなく、イギリスに見られるごとくの重商主義政策は、必ずしも絶対王政の崩壊とその運命をともにするものではなかった。それどころか、イギリスにおいては、重商主義政策は絶対王政の崩壊、すなわちブルジョア革命（市民革命）以降においてはじめて体系化されたといってよいのである。絶対王政の崩壊と運命をともにしたのは、絶対主義的重商主義に他ならず、ブルジョア革命（典型的には名誉革命）後に体系化された重商主義政策は、これに対して初期産業資本主義における政策および思想体系であり、議会主義的重商主義またはコルベール主義（Parliamentary Colbertism）として区別される[12]。

第3節　重商主義の本質

　重商主義と一概に言っても、その時代自体の経済構造やその発展段階、またその時代の政治、社会構造によって大きく変貌してきており、単に産業革命の前段階における本源的原始的蓄積期としての「固有」の意味での重商主義（本来の重商主義）という呼称だけでは十分な重

第1章　重商主義から経済リベラリズムへ

商主義の本質を捉えることにはならないであろうと思われる。換言すれば、15世紀後半〜18世紀後半にかけての約300年間に亘る時代的過程を一まとめに把握し、思考することは困難であるということである。

　そのため、その政治、経済の発展段階によって大きく次の3段階に分割して考察するほうが、重商主義本来の特性や理論的体系を的確に把握できるし、また重商主義が時代通貫的にどのような変貌を遂げてきたのかという上で比較分析も可能になる。[13]

　3段階の1つは、17世紀半ばの清教徒革命から王政復古の反動を経て、名誉革命に至る一連に政治的過程を辿った市民革命以前と以後とに区別して、前期重商主義と後期重商主義とし、さらに政治的側面から憲政史的に見て、絶対王政的な国家主権から議会中心の議会主権へと移り変わった過程を考慮して、それぞれを絶対王政的重商主義、議会主義的重商主義とに捉える。またこれは、経済的側面から見て商業資本の循環（流通過程）がその経済社会の中核となっている前者と、初期産業資本の循環過程（生産過程）としての後者とに区別する。

　さらにまた商業資本を中核とする絶対王政的重商主義においても次の2つに区分する。1つは、重金主義（bullionism）または取引差額主義（個別的貿易差額主義）であり、もう1つは、貿易差額主義（ballancre of trade）または全般的貿易差額主義となっている。本来商業資本の循環、すなわち流通過程から利益を享受する経済社会構造では、本質的には同じ考え方であって区分の必要性がないのではないかとの捉え方ができようが、これら2つには大きな相違点が存在する。すなわち貿易という流通過程を通じての富の増殖に関しての捉え方に違いがある。富の概念に関して言えば、重商主義の基本的な思考は、富イコール貨幣（金・銀、地金も含む）というものであり、これは、商業資本を循環としてそこから富をもたらす方式であっても、産業資本を

基盤として、その生産過程から利益をあげ富を増加させる方式であっても、国富、すなわちそれは、貨幣であるということになる。[14]

　問題の核心は、その他の点での相違点を列挙し、比較考察することが重要となる。そのため、例えば商業資本を基盤とする重金主義と貿易差額主義との相違と、もう１つは、商業資本と産業資本を基礎とする利潤の源泉の相違について検討しよう。先ず前者の相違は、同様に最も効率的により多くの貨幣（金・銀）を獲得する方法としてそれを貿易に求め、そこからの富の増殖を考えたが、重金主義は、一国内に貨幣をできるだけ多くを保有し、それを海外より流入させるために、直接的に貨幣の流出入を監視し、個々の取引において貨幣の流出を多く持ち出すような取引を禁止し、また外国商人たちへの輸入商品の支払も、貨幣での支払いを禁止し、その代金を再度イギリスでの購買に当てさせ、商品で運搬するような「使用条例」政策を打ち出した。

　しかしながらこの重金主義によれば、常にイギリスと貿易する諸国にとって不平等、かつ不自由は取引に他ならなかった。これは、貿易が拡大するどころか縮小し、場合によっては不成立ということになる。実際一般的にいってもこの考え方は無理があり、受け容れられるものではなかった。特に当時イギリスは、東インド会社を設立し、東洋との貿易で大きな利益を享受しようとしていた。そのためにイギリス国内の富（貨幣）の減少が、東インド会社を通じての物資の購入過多であると非難されていた点に対して、トーマス・マンは、個々の取引による貨幣の流出が多い少ないではなく、イギリス全体の貿易においてその結果として貨幣の流入を多くもたらすことになればいい、すなわち一国全体の貿易が輸出が輸入を超過（順差額）すれば、今までより一層多くの富がイギリス国内にもたらされると主張したのである。[15]

　17世紀初頭において支配的であった重金主義は、貿易が世界的規模

にまで拡大するにつれて弔鐘が打ち鳴らされ、これに代わってバランス・オヴ・トレイド論が台頭してきた。トーマス・マンが貿易差額主義を主張した根本的な理由は、彼が東インド会社の重役であったことにあると思われる。東インド会社を弁護することから出発して、一国の総輸出が総輸入を超過すれば、貨幣（金銀）は必然的に国内に流入し、富である貨幣は増大するという一般論が導き出せたのである。このような観点に立てば、重商主義的見解を持つジェラル・ド・マリーンズ、ミルズと対立することになるのは当然ということになる。マンは、貿易差額を単なる商品差額を意味するだけでなく、そこには国際間の全支払差額も包含されていた。換言すれば、国際収支を見える取引としての貿易収支と同一視するのではなく、見えざる取引としてのサービス収支、移転収支などを含めた形態での国際収支を考慮していた。この点に関して貨幣の存在を認識する上で、貨幣数量説を展開している。例えば、「一国内に貨幣が多ければその国に産する商品を一層高価にする。それは、ある一部の人にとってはその収入から利得になるが、国家にとっては、その貿易量から見て利益に正に反する。すなわち、貨幣が多ければ商品は一層高価になり、同様にまた商品が高価になればその使用と消費が減少する」ことになる。

　要約すれば、重金主義は、国外への貨幣の流出を富の減少と捉え、できるだけ輸出を奨励して、輸入を減らし国内に貨幣を留まらせ、国外に流出することを抑えた保護政策であり、個々の取引で貨幣が流出する取引は禁止で、流入する取引は良しとするもので富の流出を防止する政策であった。しかし貿易差額主義は、個々の取引ではなくイギリス全体の貿易が、貨幣流入＞流出という公式になっていれば、イギリス全体の富は増加するという考え方であった。さらに富を一層増殖させるためには、輸出を奨励させることが必要であるが、そのために

は必要な原材料を輸入し、付加価値をつけた製品を輸出すれば、輸入した時点で流出した貨幣よりもより多くの貨幣が流入し、国富が今まで以上に増加することになるとの考えであった。

　絶対王政的重商主義と議会主義的重商主義との相違は、前者と比較すればより単純明快である。すなわち、商業資本の循環を基盤とする絶対王政的重商主義は、貿易という流通過程より利益をあげ、また産業資本の循環を基盤とする議会主義的重商主義は、生産資本から利潤を挙げ、それを富として増加させる手段をとる。これら利潤を追求するそれぞれ資本の循環の相違によることになる点での相違である。その結果、経済社会全体の富の増殖形態が、変化するとともに経済社会構造も変容することになり、重商主義に区分し、それぞれの特徴に言及し比較的思考によってその流れに接近することが重要と思われる。

　すなわち、重商主義は、資本主義経済発展の初期にあって、ヨーロッパ諸国が主として国家および国民経済を富裕せしめようとした思想または経済政策に対する相対的呼称であって、時期的には15世紀の末葉イギリスのテューダー王朝の成立期から1648年のクロムウェル革命、および1688年の名誉革命を経て18世紀の産業革命に至る間ヨーロッパに支配的であったもので、そこでは、近世国家が主体的役割を演じ、近世資本主義の歴史的前提である商業資本を紐帯として、民族的国家統一をはかり、植民帝国を建設することを主眼とするものであった。そして重商主義体制は、貨幣、特に金・銀の獲得と広い意味での植民活動を本質的契機として構成されていたから、富としての金銀・貨幣の追求や尊重の方法は、時代的にも国民的にもそれぞれ異なるものがあるとしても、大体において重金主義から貿易差額主義を経て、産業保護主義あるいは労働または雇用差額主義の発展構造をもって、史上に現れてきたということが言えよう。

第1章　重商主義から経済リベラリズムへ

　E.リプソンによれば、イギリス重商主義を構成する最も本質的な要因として、穀物法（Corn Laws）、産業保護政策（Protection of Industry）、航海法（Navigation Acts）を挙げている。いま、それぞれに関して言及してみよう。穀物法に関しては、国内の地主、生産者対労働者、産業資本家という利害関係によって制定され、改正され、19世紀に入っての穀物法論争へと展開されたものであったが、重商主義期における保護政策の一貫として考慮されうるものである。15世紀の中期より小麦に対する法定限界価格（Stafutory Price Limit）を設定し輸出が認められた。その後も法定価格が上昇し続けると同時に、その制度はある程度崩壊していった。

　概して言えば、絶対王政期における穀物政策は、人為的に穀物価格を引き下げられた結果、地主、生産者の利益よりも労働者、消費者の利益が優先された。ところが市民革命を境にそれ以降、この政策は、地主、生産者の利益が優先され、その結果、穀物輸出が奨励されることになった。しかし、その後1790年に至っては、穀物価格を高く維持することを目的として、1815年に穀物法を会議で通過させることになった。

　産業保護政策は、特にイギリス重商主義政策の大きな狙いでもあった。17世紀後半から18世紀初期にかけての時期のイギリス産業は毛織物工業を中心とした構造であり、そのため輸出入構造も輸出の主要品は毛織物製品で、総輸入額の68％、製造品輸出額の約85％であり、輸入もその中心の数字を占めるものがリンネルで、製造品輸入額の約44％であった。またキャラコ（インド産綿織物）は、輸入額の約20％を占めていた。特にこの東インド会社を通じて輸入したキャラコは、安価な上に吸汗性に富み、労働者だけでなく中流階級へさらにコルベールの対英貿易制裁への報復政策として絹織物の輸入制限により、上流

階級までもがインド産の綿織物に移行し、国内産の毛織物、絹織物と競合することとなった。この時期において毛織物業者の利益を代表するホウィッグ党と貿易商人の立場を代弁するトゥーリー党との論争が続いた。1700年には捺染キャラコの輸入禁止、また1720年には、無着色（白地）キャラコの輸入も禁止された[18]。その他金属工業や鉄鋼産業に対しても国内市場を保持するために、保護政策が加えられた。

航海法において、その起源は14世紀後半に見出せるが、その目的が、イギリスの商人、船舶の保護、奨励政策として重要な役割を果たすことであった。換言すれば、自国商人、自国船舶の優先権を強化し、それを執行することであった。これによって、貿易並びに植民地支配の展開を図ったのである。特に1651年にオリバー・クロムエルが制定した航海条例[19]は、アジア・アフリカ・アメリカの財貨、生産物のイギリス、アイルランドや植民地への輸入をイギリスおよびその植民地の所有する船舶によることとし、また外国の生産物のイギリスへの輸入をイギリス船、原産国船に限定することとした。また1660年のスチュアート航海法は、それを一段と強化し、アジア・アフリカ・アメリカからの財貨の輸入は、船長および船員の四分の三以上がイギリス人で構成されたイギリス船に限定された[20]。これら航海法に対する評価は当時から程度の差があったが、ジョサイア・チャイルド、ダニエル・デフォー、D.ヒュームらによって直接的にも間接的にも好意的に評価されていた。

つまり重商主義に本質は政治的統一および経済的統一にあり、外国貿易政策、航海政策、さらに人口政策など当時の主要諸国によって遂行された一連の富国強兵政策は、すべてこの国民統一のためのものであった。

一国を富ませる最良の手段は何か、また一体その富の形態はどのよ

第1章　重商主義から経済リベラリズムへ

うなものなのかという点で、重商主義は、上述のように1つの特徴があったが、その本来の保護主義政策の矛盾は、その後のさまざまな政治的・経済的変容により一層変化せざるを得なくなった。すなわち、旧い遺産としての遺制は、台頭してくる新時代の政治的・経済的要請によって急速に進化されることになった。例えば、古典学派のアダム・スミスは、重商主義の支配的な経済政策であった国家主義的な干渉政策に対して、自由主義経済の立場から批判を加えることになった。それは、富の源泉としての貨幣（金・銀）に対して、さらにそれを増加させるための保護主義政策に対するものであった。スミスは、自由貿易を提唱することによって18世紀後半よりイギリスに興ってくる産業革命の理論的支柱としての一編を提供することになった。

注

1) Cf. William Fellner, *Emergence and Content of Modern Economic Analysis*, 1960 The McGraw-Hill Book Co., Inc., N.Y. pp. 28 – 30. 松代和郎訳『近代経済分析－その発生過程と内容－』創文社、昭和43年、36～38頁参照。
2) 拙稿「イギリス重商主義期における外国為替論―マリーンズとトーマス・マンの見解」『国際関係学部研究年報』第30集、平成21年、122頁。
3) Eli F. Hecksdher, *Mercantilism.2vols*, George Allem&Unwin Ltd. 1955, pp. 16 – 30. *"Mercantilism" in the Development of Economic Thought* (led., by H. W. Spiegel) 1952, p.32. 越村信三郎他監訳「経済学の黎明」『経済思想史発展史』Ⅰ、東洋経済新報社、昭和29年、48頁。
4) *Ibid,*. p. 16 – 30. 同邦訳48頁。
5) *Ibid.*, p.28. H. W. Spiegel, *ibid.*, p.32. 邦訳、48頁。Gustav Schmoller, *Das Mercantilsystem in seiner historischen Bedeutung:stadtische, territoriale und staatliche Wirtscaftspolitilk*. ss.43 – 44. 正木一夫訳『シュモラー　重商主義とその歴史的意義―都市的・領域的および国家的経済政策―』伊東書店、昭和19年、53頁。
6)「（神が賢明にも資源と財貨を世界に不平等にばら撒いて、地域間の通商を促進せしめたという）普遍的経済の理論（the doctrine of universal econo-

my）は、重商主義者たちにより援用され、それは外国貿易に対するその情熱を正当化させた。この理論は、商人の行動を正当化し、種々の商業活動における国際貿易の大きな役割を強調するために用いられた。このように、普遍経済の理論の世界主義は、世界全体が国際間の交換によって利益を受けることを強調するものであり、重商主義思想とは無縁ではなかったのである。」(D. A. Irwin, *Against the Tide A Intellectual History of Free Trade.* Princeton University Press, 1996, p.30. 小島清監修『ダグラス．A．アーウィン　自由貿易理論史―潮流に抗して―』文眞堂、1999年、39～40頁。)

7) *Ibid.*,p.28. H. W. Spiegel, p.32. 邦訳、48～49頁。W. Cuningham, *The Growth of English Industry and Commerce, during the early and middle ages.* 1890 (A. M. Kelley, 1968) pp.481-483. ウィリアム・カニンガムは、「重商主義とは、政治的目的を追いかける経済的努力である」と述べている。

8) その後また「1600年ないし1650年ごろに始まり、1750年頃まで継続する時期になると、ヨーロッパ経済は、停滞どころか収縮の局面を迎え、中核国家としてはただ一国しか生き残れなくなった。事実1618年にはプラハで政治危機があり、ヨーロッパ列強は一斉に動揺し始めた。諸王朝はすべて崩壊に向かい、ヨーロッパ経済も……突然大不況に襲われ、1620年の全ヨーロッパ的な貿易の衰退を来たした。17世紀の危機に対するイギリスの対応は、他の諸国と異なって封建前の危機状況を契機として、また農業の商品経済化の高度化を進展させ、工業化をその一因として圧倒的に強力な重商主義を展開し得たのである。換言すれば、それは、同様に重商主義を武器として抗争を繰り返した中核諸国の内、オランダ、フランスに替わって生き残ったのがイギリスであった証拠である。」(Cf., Immanuel Wallerstain, *The Modern World-System Capitalist Agriculture and the Origins of the European World-Economy in the sixteenth Cetury.* Academic Press, 1974, pp.259-260. 川北稔訳『I．ウォーラーステイン　近代世界システムI、II―農業資本主義と「ヨーロッパ世界経済」の成立』岩波書店、1981年、IIの132～33頁参照)

9) 市川泰治郎『世界貿易論』鱒書房、昭和22年、54頁参照。

10) I.ウォーラーステインは、「重商主義諸国の競争で勝利するか否かは、第1に生産効率如何にかかっていたこと、また、すべての重商主義の国家的政策の目的は、中長期的には生産部門において全般的に効率を高めることにあった。」(Immanuel Wallerstein, *The Modern World-System II, Mercantilism and the Consolidation of the European World-Economy, 1600-*

第1章　重商主義から経済リベラリズムへ

　　　 1750. Academic Press, London, 1980, p.38. 川北稔訳『Ⅰ．ウォーラーステイン　近代世界システム1600-1750　重商主義と「ヨーロッパ世界経済」の凝集』名古屋大学出版会、1993年、45頁、(傍点著者)。
11)　シュモラー的な経済史思想体系はまさにこれである。すなわち彼は、重商主義を絶対主義国家の経済政策体系およびそれを支える経済思想と見なしていた。
12)　白杉庄一郎『経済学史概説』ミネルヴァ書房、1973年、28〜29頁。
13)　「重商主義にかかわる論争のほとんどは、17世紀の理論家たちが打ち出した議論が、どの程度事実を反映しているかという点をめぐって戦わされている。明らかに彼らの立てた命題は、ある程度までは現実を反映していたものの、他方では、その現実を前提として行動することを目指した(意図的な)ものであった。……(特に)17世紀の重商主義に関する解釈は無数にあるが、この概念に次の2つの側面があった。砂和紙重商主義とは、経済的国民主義とも言うべき国家の政策を含むものであり、地金の流れから見るにしろ、(二国間または多国間の)貿易差額から見るにしろ、商品流通への関心を中心に展開したものだということが、それである。」Immanuel Wallerstein. (*Ibid.*, p.37. 邦訳、44頁(傍点は著者)。
14)　拙著『国際分業論前史の研究』時潮社、平成9年、第一章　国際収支論的貿易論第1節　重金主義的貿易論、第2章　バランス・オブ・トゥレイド論を参照。
15)　重商主義時代の経済的特徴は、1620年代初期において、イギリスでは金銀の海外流出が増加したため通貨不足が深刻化し、それが原因となって国内の不況の原因とされた。事実そのことに関してさまざまな考え方が現れてきた。それはジェラル・ド・マリーンズ(Gerrard [Gerard] de Malynes [Malines]: *fl.* 1586-1641)、エドワード・ミッセルデン(Edward Misselden: fl.1608-54)、トーマス・マン(Thomas Mun: 1571-1641)などであった。これら3人についての理論比較は、Cf., Terence Hutchison, *Before Adam Smith The Emergence of Political Economy, 1662−1776.* Basil Blackwell Ltd 1988 pp.12−24. を参照。
16)　T. Mun, *England's Treasure by Forraign Trade. or, the Balance of our Forraign Trade is the Rule of our Treasure.* 1664 pp. 23-24. 渡辺源次郎訳『外国貿易によるイングランドの財宝』東京大学出版会、1971年、35頁。拙著『国際分業論前史の研究』時潮社、平成9年、56頁参照。マンは1615年に東インド会社の重役となったが、当時海外、特に東インドへの貨幣(金銀)への流出したことに対して、マリーンズ達の非難の声が起こり世論への影響

も拡大した。彼は、これに対して1621年に『イギリスの東インド貿易に関する一論』(*A Discourse of Trade, From England vnto the East-Indies: Answering to diuerse obiections which are vsually made against the same.* 1621) を著し、またジェイムズ一世時に設けられた貿易常設委員会の委員として、東インド会社を弁護し反対者を沈黙させた。このようなマンの見解は、後になって貿易差額説を批判する上で、依然として重商主義的な観念に引きずられていたジョウゼフ・ハリス（Joseph Harris; 1702-1764）よりもある意味では、マンの明瞭な、概観的なかつ実際家を遍く啓蒙する叙述は、画期的なものであったといっていいだろう。

特にイギリス毛織物工業にとって、海外の消費地での嗜好や流行の変化によるその国際市場における競争力の低下、白地広幅織の輸出減少などは、イギリス商人にこれまでに観られないほどのダメージをあたえた。そしてこの不況は、国民経済全体の一般的不況の様相をすら呈してきた時期であった（船山栄一「イギリス貿易の構造変化」『社会経済史学』vol.37-1、昭和46年、5〜27頁参照）。

16) E. Lipson, *The Economic History of England. vol. III*, 5th ed., Adam and Charles Black, London. 1948. pp.1-2.
17) *Ibid., vol. II*, pp. 449-450. 田中豊治『イギリス絶対王政期の産業構造』岩波書店、昭和43年参照。
18) 1815年3月に議会に穀物法が通過したが、この穀物法の可否をめぐって、同法を支持するT. R. マルサス、W. スペンス、また同法を否定的に捉えたD. リカード、J. D. ヒュームなどにより穀物法論争がまき起こった。尚、穀物法に於ける論争に関しては、服部正治『穀物法論争』昭和堂、1991年を参照。
19) ジョサイア・チャイルド時代の東インド会社とキャラコ論争との関連やその他キャラコ論争の経済学史的意義については、西村孝夫『キャリコ論争史の研究—イギリス重商主義と東インド会社—』風間書房、昭和42年参照。
20)「実際問題として、オランダがヘゲモニーを握っていたのだから、イギリスには貿易促進策は、2つしか残っていなかった。すなわち、イギリス商人に対する国家的支援か、外国人商人に対する国家的抑圧かのいずれかであった。1651年、イギリスは、輸入規制を実施して、オランダと真っ向から対決する道を選んだ。1651年の航海法は、まさにオランダの中継貿易の打破を目的としたものであった。（また）まさしく国家を強化して、バルト海貿易はもとより、今正に発展しつつあり、最終的には遥かに重要になっていく大西洋貿易の独占をも計るということにあったからである」（I. Wallerstain, *op. cit.*, pp.77-78. 邦訳、94頁）という思考は当を得ている。またアダム・スミ

スが「イングランドのあらゆる商業規制の内で恐らく最も賢明なもの」と呼んだ1651年の航海法は、植民地が特許植民地であれ、私領植民地であれ、議会に服従すべきことを定め、このことによって一貫した帝国主義を可能ならしめ、また植民地との貿易は、イングランドの船舶が独占すべき事を定めたことになったのであった (Cf., C. Hill, *Reformation to Industrial Revolution Social and Economic of History of Britain 1530-1780.* Weidenfeld & Nicolson, 1967, p. 123. 浜林正夫『クリストファー・ヒル 宗教革命から産業革命へ』未来社、1991年、181頁参照)。

21) Cf., E. Lipson, *op. cit.,* vol.Ⅲ, pp. 116-153. pp. 122-124. またCf., E.Lipson, *The Growth of English Society A Short Economic History.* Adam and Charles Black, London. 1949, p. 165.

第2章　リベラリズムの台頭とその発展

第1節　はじめに

　18世紀当時のイギリスを一瞥すれば、その前半においてイギリスではトゥーリー党とホウッグ党との間ではげしい党派抗争が起こっていた。時にスペイン王位継承戦争への参加、さらに1703年メシュエン条約によって──これは、消費者を犠牲にして商業界に多大な収入を与えることになった──、民意に反する行動は政権をホウッグ等からトゥーリー党へと移行させた。1711年、トーリー党は、フランスとの講和条約を準備し、1713年にユトレヒト条約として結実させるべく行動を取った。ここまでの経過においても、イギリスはオリバー・クロムウェルの航海条例後、3度のイギリス、オランダ戦争を惹起させ、またフランスとの間でも関税上の争いが、イギリスの貿易をほとんど壊滅的な状態まで追いやった。そのため相互に報復的な戦争や保護主義的関税の危険性、正常であるべき国際競争力の消滅、有効な国際分業体制の破壊といった保護貿易主義への批判が行なわれ始めた。このような状況に休止符を打つための試みの1つが、英仏間の通商条約であった。

　しかしユトレヒト講和条約の締結をめぐる論争は、トゥーリー党と地主層、ホウッグ党と商人層という組み合わせに於ける利害と確執を含みながら行われた。メシュエン条約に基づくポルトガル貿易とユトレヒト条約に基づくフランス貿易とが、本来イギリスに取ってより利益を享受するものであるかどうかを考慮すればよかったのである。元来何らの疑いもなく、イギリスにとってフランスの市場の大きさは、特に毛織物製品を販売する上で、ポルトガル貿易から受ける利得より

もすべての面において圧倒していたのが現実であった。

　実際この条約は、185票対194票という小差をもって議会で否決され、ホウッグ党の勝利で決着した。しかし重商主義政策の不当な輸入禁止や高関税率を中心とする保護貿易政策に対する多くの反論は、止めようがない状況に至っていた。

　また事実17世紀および18世紀最後の3分の1期までのイギリス資本主義発展の諸条件のもとでは、一方では産業資本の発展にはいまだ未成熟であり、他方世界商業の領域では、前期的商業資本がまだ圧倒的な影響を持っていた。そのため、産業資本の生産物の海外への輸出と海外市場におけるその生産物の価値の実現とは、流通過程においてこの前期的商業資本に媒介されなければならなかった。[2]

　18世紀中葉のイギリスは正に産業革命の前夜、工業制手工業から素朴ながら機械的生産への過渡期の時代であった。農業においては、初期より第二次土地囲い込み（enclosure）運動の推進によって新農法が普及し、それは経営の合理化・集約化をもたらし、また特に工業面おいても工場制手工業の発達、作業分化の進展によって機械の発明がなされ、商業の促進、市場の拡大とともに、漸次機械的生産への推移を不可避的なものとした。しかしながら、言うまでもなくこのような傾向は、巨大な富と市場を提供した外国貿易による植民地拡張の原因ともなり、また結果でもあった。対内的には、当時まだ小手工業者、家内工業者の勢力は相当なものであり、エリザベス王朝以来の徒弟法、その他のギルド（同業者組合）的規制を保持することにより、また対外的には、特権的商人、商業資本家は重商主義的保護制度を保守することにより、ともに社会経済の発展を阻止しつつあった。自由主義実現のプロセスは、重商主義的諸規定の緩和ないし撤廃に通ずるものであった。[3]

スミスをはじめ重農主義者の時代では、既に重商主義的国家政策によって、国内商業や外国貿易を発展させ、資本主義生産の発展を保護していた時代ではなく、そういった発展が既に邪魔になりつつある時代であった。確かに重商主義的保護政策によって、貿易の発展は見られた。富としての貨幣（金・銀などの貴金属）の流入や貿易収支上での順差額（輸出超過）は、彼らの手によって獲得され、輸出が奨励され発展したがそれ以上に貿易の他方の輸入に関しては規制・抑制されることになり、却って貿易本来の目的である自由な発展は阻害されてしまった。

第2節　リベラリストとしてのアダム・スミスとリカード

2－1. はじめに

　重商主義時代におけるヨーロッパは、実物経済社会から急速に貨幣経済社会へ移行したために、本来国富として認識されていた概念に変化が起こった。富の源泉、すなわちイコール貨幣（金貨・銀貨の鋳貨や地金を含めて）という思想は、貨幣に対する人々の欲望を増幅させることになり、それは結果として一層の貨幣不足をもたらした。当時の経済思想家たちの第一次的な課題は、それを対処するための方策を議論することであった。しかし、金銀に対する必要性は、信用制度が組織化されるにつれて小さくなっていった。本来富とは、人々の役に立つ必需品や必要品そのものであり、貴金属（金貨・銀貨）、すなわち貨幣は、このような必要品を購買するための手段でしかないはずである。貴金属や貿易収支それ自体の黒字は、国富を増殖させるものではなく、一国の富は、それらが外国の生産物や製造品などとの交換や

第2章　リベラリズムの台頭とその発展

購買のために用いられてはじめて増大するものである。

　リベラリストとしてのスミスの思考は、この点から出発している[4]。スミスの富の源泉は、人々の労働を通じて生産されるとするものである。すなわち労働の生産力の程度、労働に従事する人々の数がこれに従事しない人々の数に対して保つ比例の大小によって、その富が決定される。そして、特に富を増大させるには、第1の労働の生産力を高めていかなければならない。スミスによると、このような労働の生産性向上は、分業によってもたらされると思考する。分業は、工場内のマニュファクチャー的分業、すなわち作業的分業と社会的分業とがある。どちらの分業も労働の生産性を高める点では同じとなる。分業の行なわれる範囲を制限する事情を市場の広さや資本の大きさに求め、分業による労働生産性は、市場を拡大すればするほど有効に向上するものとする。それ故、国内商業や外国貿易を発展させるためには、政府は、これらのものに統制や制限を加えてはならない。もし、ある国が外国からの輸入に制限を加えれば、制限を受けた国は、せばめられた市場のために、分業の利益を十分に発揮することができなくなり、輸入国は、いつまでも高い価格でその商品を輸入することになるだろう。他方ある国が人為的に輸出を奨励するならば、その産業は、労働生産性が割合に低い状態でも、存続するだろう。しかしいつまでもこのように労働生産性の低い産業へ資本や労働を集中させることは、その国全体の労働生産性の向上を遅延させることになる。それぞれの国々が自由に比較的安価に生産することができる商品は、その他の国から輸入するようにして、国際分業をおこなう方がすべての商品を自国で生産するよりも有利になる[5]。

　スミスの自由貿易主義は、畢竟国際的分業による資本および労働の自由になる流通を根拠とするものである。思うに彼に従えば、一国内

の作業的分業と社会的分業は、人的属性に基づいて必然的に発達する結果となったと同様に、国際間においても必然的に分業が出現してきたし、各国間での経済的交流を生ずることになった。そのため貿易の自由原則とは、一国内で行われて社会全般の利益をもたらすと同時に、それらが国際間に行なわれて各国相互に利益をもたらすことになる。[6]

2－2. 重商主義批判

　スミスの重商主義への批判は、その主著『諸国民の富』[7]第4篇において展開されている。彼の重商主義への直接的批判は、それ以前の欧州各国の支配的な経済政策であった国家主義的干渉政策がスミスの時代に於ける自由経済とは正に反対の考え方であったからである。重商主義的政策は、一国の富の源泉を貨幣の蓄積であるとして、それを増加するための保護政策が採用されていた。貨幣（金・銀）が富とするのは、全くもって論理的には背理するものであり、誤りであるのは真理であった。

　本編でスミスは、上述のところを次のように論じている。すなわち、「私は、たとえ冗長の嫌いがあっても、富は貨幣あるいは金銀に存在するという通俗的な見解をあますところなく検討することが必要であると考える。貨幣は、日常用語ではしばしば富を意味しており、そしてこういう表現上の曖昧さこそが、この通俗的な見解がわれわれにとって非常に親しみ深いものにするのであって、その結果この見解が不条理だということを確信している人でさえ、ややもすると自分たちの諸原理を忘れてしまい、自分たちの推理を進めていく内に、それは証明するまでもなく確定的で否定し難い真理だ、と思い込んでしまうようになりがちなのである。商業に関するイングランドの最もすぐれた著者の内あるものは、一国の富はその金銀だけでなくて、その土地、

第 2 章　リベラリズムの台頭とその発展

家屋およびありとあらゆる消費可能な財貨にも存する、と述べながら出発する。それにもかかわらず、自分たちの推理を進めてゆくうちに、土地、家屋および消費可能な財貨は何時の間にか彼らの記憶から抜け出してしまうように思われるのであって、彼らの議論の調子から言うと、一切の富は金銀に存し、これらの金銀を増殖することは国民的工業や商業の大目的だ、と想定していることがしばしばある」[8] としている。そして重商主義的経済政策は、「富が金銀よりなるということ、そして金銀が鉱山のない国では、専ら貿易差額によって、すなわちその国の輸入する価値よりも大きな価値を輸出することによって、取るより他にてはない、という2つの原理が確立されたので、国内消費量の外国品の輸入をできるだけ減らし、国内産業の生産物の輸出をできるだけ増やすことが、必然に経済政策の大目的となった。それ故、経済政策の一国を富ませるための二大方法は輸入に課する制限と輸出に与える奨励とであった[9]。」

　急速に実物経済社会から貨幣経済社会への段階に移り変わってきた経済社会は、それに呼応して貨幣の職能としての役割に対する要求が高まっていった。そしてそれゆえ貨幣（金、銀）の不足は、一層その需要を高めることになった。スミスは、「富が貨幣または金銀よりなるということは、貨幣が商業用具および価値尺度として、二重の機能をもつことから自然に生じる通俗的見解である。貨幣は、商業の用具であるから貨幣を持ってさえすれば、他のどのような商品によるよりも一層容易にわれわれの必要とするどんな物でも手に入れることが可能である。……要約すると、富と貨幣とは日常の用語上、いずれの点においても同義語と見なされている。富国とは貨幣が豊富な国と考えられている。またある国に金銀を蓄積することが、その国を富ませるための最も手っ取り早い道だと思われている」[10] と捉えた。

37

スミスの考えた富とは、人々の役に立つ必需品や必要品そのもののことであり、金銀貨は、このように必需品を購買するための手段でしかなかった。『諸国民の富』の序論の冒頭で、「すべての国民の年々の労働は、本来その国民が年々消費するすべての生活の必需品と便宜品とを供給する原資（ファンド）であって、その必需品と便宜品とはこの労働の直接の生産物であるか、あるいはその生産物をもって他の諸国民から購入したものである」[11]と述べている。すなわちスミス経済学の理論的基調は、富の源泉を流通過程において捉えることではなく、生産過程においてこそ富本来の源泉が存在するとした点である。

3　分業の理論

　スミスが『諸国民の富』第1編第1章に「分業の理論」という主題を設定したのには次のような理由があったからである。分業は、1つが労働の生産性を改善させ、増大させるもっとも効果的な手段であり、結果的には1国の富の増加をもたらす大きな要因になるからである。2つ目は、生産要素の構成要因のうち、人的労働を生産の一義的で最も主体的な存在要因として捉え、その属性を有効に活用する方法として思考したのである。3つ目は、「見えざる手」に導かれて各経済主体が各人の利己心のおもむくままに経済行動を行なった場合でも、国富を増加させるとするスミスの考えは単なる作業分業を越え、それを敷衍した上での「種種の産業および職業相互の分離」、すなわち社会的分業へ、さらには国際間における分業、国際分業へと結びつける伏線として捉えられていたからであろうと思われる。

　すなわちスミスは、富は一国民の年々の労働の直接の生産物あるいはそれと交換によって他の国民から得られる生産物より成るとする。

そしてこの富を増殖させる上で必須な条件は、労働する上での熟練・技巧および判断によって、また有能な労働に従事する人々の数、その労働に従事しない者の数との割合によるのである。[12] 労働の生産性を改善し、それを高めることによって国民の富の増加をもたらすことになる。また分業の発展は、市場の広さに依存する。必然的に狭隘な国内市場には限界がもたらされると、次にはより広大な市場、すなわち外国市場にそれを求めていかなければならない。国際間の自由な交換によって、はじめて分業からの利益を享受できるのである。換言すれば、それは、国際間に於ける各国の分業を基礎として、当事国で自由貿易を展開して得られるものである。

この点に関して、スミスによれば「買うよりも自分で作る方が反って高くつくものは、決して自分の所で作ろうととはしない。……もしある国がある貨物をわれわれ自ら作るよりも安くわれわれに供給し売るならば、われわれは自分たちが多少ともこの外国に比べて得意とする自国の産業を活動させ、その生産物の一部を持って、この生産物を買った方が得策である」[13] としている。

このようにして、スミスは対外貿易の原則として自由貿易を基調とする国際分業を主張することになる。各国がその得意で優位な産業に全資本ならびに労働に集中させ、また不得意で不利な産業の生産物を自国にて製造せずして、より廉価なものを外国から購買することが、総ての国々の国民の富を増加させる最前の方策であるとの見解を持ったのである。

4 リカードの国際分業論

古典派の中でのリカードに地位は、スミスと同様に大きな存在であ

る。特に国際分業論を展開する上では、スミスを超えたものを提供している。彼の国際分業によりもたらされる貿易利益の理論は、比較生産費説として知られている。本来それは、古典派の理論としてのものであるがその明確さゆえ、現代においても自由貿易論の真髄となっている。[14] 換言すれば、リカードの比較生産費説の説例は、その組み合わせが完全ではなかったけれども、その後のどの理論よりも国際分業による貿易利益に関して理解が容易である点で、今日でもなお意義があるものである。

彼の理論の説例を要約すれば、1国が2商品の生産において、他の国に比べて絶対的優位をもち、しかもその1商品が他の商品よりも生産上より大なる優位性を持つ時は、前者を生産して後者を輸入することが有利である。そしてまた、1国が2商品の生産において、他国に比べて絶対的劣位で、しかもその1商品が他の商品よりも生産上より大なる劣位を有する時には、前者を輸入し、後者を生産することが優位である。それ故、このような場合には、両国はそれぞれの比較的に優位とする商品の生産に特化し、その生産物を相互に交換することになる。1国が他国に比べてどちらの商品の生産においても絶対的優位性を有する場合にも、ある商品を自国内で生産するよりも外国から輸入した方が少ない費用でその商品を手に入れることになる限り、この商品を外国から輸入することになり、それ故また、絶対的劣位である国もいずれかの商品を輸出することになり、これら両国間において貿易の成立を見出すことになる。

リカードの比較生産費説の法則は、その原理がアダム・スミスのそれを踏襲し、より上の次元にと押し進めたとするJ. S. ミルの指摘は、正当であったように思われる。彼は、スミスの理論が、「厳密な精緻さを持って説明し、かつその分量の正確な尺度を供するところの1つ

の哲学的説明をもって」リカードによって継承されることになったと指摘している。ただスミスの理論は、ミルによれば、余剰生産物捌け口論（the vent for surplus theory）であると批判されていた。この理由は、リカードの理論では貿易からの利益が、各国内での特産物の生産における比較優位の相違から生じるのが本来の姿であって、スミスの理論のように国家間での絶対的比較では何も発生するものではないということであったからと思われる。

　本来比較生産費説は、貿易の成立を論証すると同時に貿易利益を明らかにするところの理論である。すなわち、リカードは、「外国貿易の拡張は、商品の数量従って享楽品の総量を増大させるにはきわめて有力に貢献するであろうが、しかし決して直ちに1国の価値額を増大させるものではない。総ての外国財貨の価値は、それらと引換えに与えられるわが国の土地と労働の生産物の分量によって測定されるから、われわれは、仮に新市場の発見によっても、より増大なる価値を得ないであろう。もしもある商人が、1000ポンドの額のイギリス財貨を購買することによって、イギリス市場で1200ポンドで売ることができるある分量の外国財貨を取得しうるものとすれば、彼はその資本のこのような使用方法によって、20%の利潤を取得するであろう。しかしその利得も輸入商品の価値も、ともに取得された外国財貨の分量の多少によって増減することはないであろう」と論じている。リカードにおいては、「総ての取引の目的は、生産物を増加させることであり」、「外国貿易であれ国内商業であれ、総ての取引は、生産物の価値を増大させることによってではなく、その分量を増加させることによって、有利なものになる」のである。換言すれば、本来国際分業を考慮しての自由貿易において、交易を決定するものは、絶対的生産費説の較差ではなくて、比較的生産費の較差であることになるのであった。

注

1) Hjalmar Schacht, *Das theoretische Gehalt des englischen Merkantilismus.* Berlin 1900, ss. 60-65. 川鍋正敏訳『イギリス重商主義理論小史』、未来社、1963年、60頁参照。）また例えば、これに関してデフォーなどは、客観的立場から『マーケィター（Mercator）』誌の発行によってユトレヒト条約の諸利益について世論に訴えた。一方これに対するホウッグ党や商人層は、『ブリティシュ・マーチャント（The British Merchant）』紙を発行して、チャールズ・キング（Chrles King）、ジョシュア・ジー（Josuah Gee）等によって反撃を開始した。（これらの論争に関しては、山下幸夫『近代イギリスの経済思想』岩波書店、昭和43年、149頁以下参照。）
2) 宇治田富造『重商主義植民地体制論 Ⅱ』青木書店、1962年、185頁。
3) 拙著『国際貿易理論小史』時潮社、2008年、125頁。
4) 「スミスの経済政策の基調は、自由放任論にあり、またかかる理論の根拠が個人の利益と社会の利益との予定調和を信じる楽観的自然神教的世界観にあり、その思想は部分的で限定的ではあったが、現実の世界と接点を持っていた。従ってスミスの放任論の目指すところは、中世的干渉諸制度、およびある意味においてその延長上にある重商主義的諸制度の弊害を指摘し、その存在の根拠を覆し、もって各人の経済的活動をそれらの束縛より解放し、自由な制度の実現を助成することであった」（舞出長五郎『経済学史概論』上巻、岩波書店、昭和16年、203頁。）スミスによれば、自愛心の強い経済人（ホモ・エコノミスト）を一般の経済社会の基盤におき、彼らが自分自身の利益のために自由にまた一生懸命に経済行動をさせる。企業においても各企業は、自社のために利潤の極大化を推進させるべく経済行動を行なう。また国家は、基本的な規律や法規を遵守するのみでこれらの行動に規制を加えず自由に行わせる。しかしこれらの経済行動は、「見えざる手」によって1国の富を増加させることに結果するのであるとする。そのためには保護主義の強力な制度に対する批判が必然的に現れてくることになる。
5) 拙著『外国貿易論（改訂版）』高文堂出版社、平成3年、38～40頁参照。
6) 舞出長五郎、前掲書、206頁参照。
7) アダム・スミスの通称 "*The Wealth of Nations*"（『国富論』あるいは『諸国民の富』の正確な名称は "*An Inquiry into the Nature and Causes of the Wealth of Nations*"（『諸国民の富の本質と原因の関する研究』）である。以下 *The Wealth of Nations*（『諸国民の富』）とする。なぜスミスが重商主義を詳細に論駁することが必要になったのかを計る物指しの1つは、

第2章　リベラリズムの台頭とその発展

彼の著書である『諸国民の富』において見出せるとする見解がある。本著書の題名の"Wealth of Nations"のNationsは複数であり、重商主義期のおけるトーマス・マンThomas Mun; 1571-1641)の1国の富を増加させる目的で書かれたもの("England's Treasure by Forraign Trade: or the ballance of our forraign trade is the rule of our treasure"『外国貿易によるイングランドの財宝』1664年）とは体系的に非常に異なっている。換言すれば、国民経済体系から乖離して世界主義を根本思想として世界経済を言及し、商業は1国民だけというものではなく、世界各国の国民がそれぞれにそれに参加し、利益を享受することができるという考えがあったからであろうと思われる。すなわち、この世界主義が重商主義を論駁することが必要となったからであるとするものである。(Cf., A. Toynbee, Lectures on Industrial Revolution of the Eighteenth century in England, 1933. p.61.)

8) A. Smith, *The Wealth of Nations* BK, IV, chi, (Cannan's ed.,) p.416. 邦訳第3編、30（46〜47）頁。邦訳は、竹内謙二訳（慶友社版）と大内兵衛他訳（岩波書店版）を参照した。（　）内は大内訳。イングラムによれば、「この見解の伝統は、一般的に自由主義学派の創始者ヒューム、スミスに若干の学説にまで遡る。特にスミスのこの一節は、この見解を伝播する上において顕著な役割を果たした」としている。(J.K.Ingram, *A History of Political Economy*, London, 1914. p.37.)

9) *Ibid.*, BK.IV, chi, p.416. 邦訳　第4編、30〜31（47〜48）頁。スビランタは、「金銀と貿易差額の重要性の問題について、これは常に厳格には分けられてきていない。その反対にそれは、同義語としての概念としてしばしば取り扱われていた。重商主義学説は、富と貨幣を同一視し、貨幣を1国の最大の目的として考えらたので、貴金属をできるだけ大量に獲得する上で、その他の国との関係をもっていたと理解された」と捉えている。(B.R. Suviranta, *The Theory of the Balance of Trade in England A Study in Mercantilism.* 1967. pp.114-115.)

10) *Ibid.*, p.396. 同訳、第4編、4（7）頁。

11) *Ibid.*, BK. p.1. 同訳、第1編、3〜4（89）頁。

12) A. Smith, *op, cit.*, vol.1, pp.1-2. 邦訳、第1編 3〜4（90）頁。

13) *Ibid.*, vol.III. p.422. 同訳、第3編、36〜39（57〜58）頁。

14) J. Robinson, *Reflections on the Theory of International Trade*, 1974, p.4. 拙訳『国際貿易理論の省察』駿河台出版社、昭和52年、7頁。

15) J.S. Mill, *Essays on some Unsettled Questions of Political Economy*, 1844, p.2. 末永茂喜訳『経済学試論集』岩波書店、昭和23年、8頁。

16) *The Works and Correspondence of David Ricardo*, ed., by P. Sraffa, vol.I, p.128.
17) *Ibid.*, pp.318—319.
18) *Ibid.*, pp.319-320.
19) J.S. Mill, *op.cit.*, p.2. 邦訳 8 − 9 頁。

第3章　新自由主義からマルクス主義まで
―理論の変遷―

第1節　新自由主義（neoliberalism）

　新自由主義を主張した経済学者の代表としてはミルトン・フリードマン、ゲーリー・ベッカー、ジェームズ・ブキャナン等が挙げられる。彼らの基本的な主張としては政府が市場に介入することを極力避け、小さな政府を目指すとともに、政府の役割をマクロ的な金融政策、財政政策に限定するというものである。この考え方に基づく政策を実行した具体的な例を挙げれば、マーガレット・サッチャー、ロナルド・レーガン、中曽根康弘がいる。

　ここではこれらの政策を元に新自由主義がいかなるイデオロギーなのかについてまとめる。まず、マーガレット・サッチャーはイギリス女性初の保守党党首であり、1979年に第71代の首相に就任する。サッチャーはイギリス経済の復活と小さな政府を目指し、様々な政策を強力なリーダーシップのもとに実行していった。

①　国有企業の民営化

　　1979年のBP（British Petroleum：英国石油）に始まり、航空宇宙（British Aerospace）、道路輸送、自動車生産（Jaguar）、通信（British Telecom）、航空、空港、鉄道、鉄鋼、水道、電力、石炭など殆ど全ての国有産業で民営化が行われた。87年までの民営化による株式売却は180億ポンドに達し、公共部門借入必要額（Public Sector Borrowing Requirement：PSBR）の公企業の借入必要

額の減少に貢献した。

② マネタリズムの採用[1]

　サッチャーは長引く英国経済低迷の原因が財政支出の増大による増税や政府借入の増加にあると考えた。これがインフレを激化させ、企業の成長を阻害し、消費減少を招き、さらには財政政策の硬直化、金融政策の無効化等の悪循環を生み出しているという

図表3－1　中期金融財政政策：見通しと結果

	1979/80	1980/81	1981/82	1982/83	1983/84	1984/85	1985/86	1986/87	1987/88	1988/89
通貨供給量M3（％増加量）										
1972年6月	*7-11*									
1980年3月	−	*7-11*	*6-10*	*5-9*	*4-8*	−	−	−	−	−
1981年3月	−	−	*6-10*	*5-9*	*4-8*	−	−	−	−	−
1982年3月	−	−	−	*8-12*	*7-11*	*6-10*	−	−	−	−
1983年3月	−	−	−	−	*7-11*	*6-10*	*5-9*	−	−	−
1984年3月	−	−	−	−	−	*6-10*	*5-9*	*4-8*	*3-7*	*2-6*
1985年3月	−	−	−	−	−	−	*5-9*₃	*4-8*	*3-7*	*2-6*
実　績4	16.2	19.4	12.8	11.2	9.4	11.9				

PSBR（GDP当たりの％）										
1979年6月	41/2									
1980年3月	43/4	33/4	3	21/4	11/2	−	−	−	−	−
1981年3月	5	6	41/4	31/4	2	−	−	−	−	−
1982年3月	−	5.7	41/4	31/2	23/4	2	−	−	−	−
1983年3月	−	−	31/2	23/4	23/4	21/2	2	−	−	−
1984年3月	−	−	−	3.3	31/4	21/4	2	2	13/4	13/4
1985年3月	−	−	−	−	3.2	31/4	2	2	13/4	13/4
実　績	4.8	5.6	3.4	3.2	3.2	3.1	−	−	−	−
実績(100万£)	10.0	12.7	6.6	8.9	9.7	10.2	−	−	−	−

1．イタリックの数字は目標値
2．1980年4月までの10か月間の目標を1979年6月に発表
3．5-9％の目標を1985年10月17日に放棄
4．当該期間の季節調整年率
出典：*Financial statement and Budget Reports, 1979-80 to 1985-86, and Financial Statistics.*

ことから、まず、インフレ率を引き下げるために通貨供給量を制限し逓減させ、政府借入を制限することで通貨増大を防ごうとした。そのための公共支出、通貨供給量削減の目標は中期金融財政戦略（Medium Term Financial Strategy: MTFS）の中でまとめられた。

この中で通貨供給量の削減目標としてM3（非銀行民間保有通貨＋居住者保有ポンド建銀行預金）の4年間にわたる目標額を決定し、その手段としてPSBRの削減と、国債の非銀行民間への売却によってこれを達成しようとした。しかしながら表の3－1を見ればわかるように、この期間においてはPSBRの削減が進まず、通貨供給量の目標を達成することについても確固たる成果は挙げられなかった。このマネタリー・コントロールの失敗がありながらもある一定のインフレが抑制された要因はいくつか挙げられるが、不況の中で増えた失業者とサッチャーの反労働組合のスタンスから労働者に対する賃金の抑制があったこと、また、アメリカによる高金利・ドル高政策により輸入物価の下落につながったことが主なものであった。

③ **所得・資産課税減税と付加価値税増税**

サッチャー政権はPSBRの削減と並行して企業の競争力を引き上げるために、特に所得税の抑制、減税を行った。所得税は基本税率を33％から30％に、最高税率を83％から60％にそれぞれ引き下げた。付加価値税については税率を8％、12.5％という2本立てから、15％の一本化にして引き上げをおこなった。また、石油収入税も45％から60％に引き上げた。次に法人税についてその税率を年間利潤額が50万ポンドを超える法人については、83年以前

52％であった税率を段階的に引き下げ、86年度以降35％に引き下げた。利潤額10万～50万ポンドの法人は83年度以前の52％～38％を35％～30％に、10万ポンド未満の利潤額である法人は38％から30％とそれぞれ引き下げた。また、88年の改正では所得税の税率構造の27％～60％までの6段階を簡素化し、課税所得192,300ポンドまでは25％、それ以上は40％と2本立てにした。これはいわゆる大企業・高額所得者優遇の税制であり、付加価値税を増税したことで実質的な税負担を増大させ、財政支出の削減に伴うこれまでのイギリスにあった「ゆりかごから墓場まで」という高福祉の放棄により国民の不満増加が噴出することにもつながった。しかしながら、北海油田による大幅な収入の増加や景気回復による自然増収により、87年度には財政収支の黒字を達成することとなる。

次にロナルド・レーガンはアメリカの第40代大統領であり、レーガノミックスと呼ばれる政策を実施したことでも知られる。この政策も新自由主義に基づくものであり、小さな政府、減税、規制緩和等を柱としていた。具体的には以下の4つが主なものである。

① **歳出削減**

小さな政府を目指すというレーガン政権であったが、この点においては軍事費の大幅な増加があったため、公務員数の削減や給与抑制、社会保障費の削減を行ったにもかかわらず、結果として多額の財政赤字を計上することとなってしまった。連邦公債残高でみると、1980年末でGNPの34％から1987年末には53％にまで跳ね上がり、公債利払い費もGNPの3％、歳出の13％を超えるに至った。また、経済成長の著しい日本からの輸入が増大し、財

政赤字と貿易赤字の2つの赤字という、いわゆる双子の赤字を抱えることとなってしまった。

② **大幅減税**

　サッチャー政権と同様に、レーガン政権下においても大幅な減税が行われた。これは、個人、企業の両面から行われ、これにより、投資の増加、貯蓄の増加、勤労意欲の向上等がもたらされると考えたからである。さらに、税率引き下げは必ずしも税収低下につながらず、場合によっては税収増加の可能性すらあるとする「ラッファーの理論」[2]が減税の後押しともなった。個人所得税は毎年10％ずつ3年で合計30％の税率引き下げが計画され、それ以前の14％～70％の税率は減税措置後には10％～50％になった。企業投資減税については投資資産の減価償却の期間短縮をはかり、投資税額控除比率の引き下げを行った。これらの減税政策は中高所得者優遇であるとの批判も強かった。こうした政策の理論的背景には「トリクルダウン効果」[3]が存在すると考えられている。

③ **規制緩和**

　レーガン政権はカーター政権に比べると既に存在する規制を緩和するという点においては見劣りしていたが、新規規制の抑制という点においてはカーター政権のそれを上回っていたということいえる。実際の規制緩和に関しては銀行規制の緩和やバス規制の緩和等が行われた。

④ **安定的な金融政策**

　レーガンが大統領に就任した1981年当時は二けたの高金利と物

価高、ドル安に苦しめられていた状況であった。こうした状況から脱却するための政策手段として、金融政策に関してもマネタリズムを選択した。それまでの金利コントロール重視からマネーサプライコントロール重視への転換であった。マネーサプライの変化は財政状況の変化よりもずっと大きく総需要に影響し、その変化は直接的に総需要の変化をもたらすというものである。金融政策は前政権であるカーター政権時代に導入された新金融調整方式により大きな転換を果たしていた。新方式のポイントは、フェデラル・ファンド・レートの変動許容幅を広げて、貨幣集計量目標達成の制約になる度合いを弱めるというものであった。

マネタリズムの考えが金融政策に導入され始めたのは、1979年の「第2次オイルショック」による原油価格の高騰から激しいインフレを招いていた当時、ボルカー議長のインフレ政策として、それまでの高いマネーサプライ政策を転換し、マネーサプライの伸び率を80年3月までの6か月間に半分に抑え、安定化させた新金融調整方式からであった。

実際のインフレ抑制はＦＲＢの確固たる政策展開によって成功したが、それはマネタリズムの主張通りではなかった。むしろあえて不況を冒して引き締めを貫いたことによってインフレ鎮静を定着させた。この点においてはマネタリズムの理論にこだわらず伝統的な政策を貫いたことがインフレ抑制を果たしたといえる。

最後に日本の例であるが、サッチャー、レーガンと並ぶ、世界の新保守主義の旗手として自他ともに認めたのが中曽根政権であった。中曽根政権は財政改革、行政改革、教育改革と3つの柱を中心に政策を実行していった。他の2つの政権と同様に、歳出削減による財政再建を行ったが、財政再建の面においては最も成功した政権であったと言

える。ここでは財政再建の面における中曽根政権の政策をまとめる。

① **増税なき財政再建**

　84年までに（のちに90年までに引き延ばされる）赤字国債発行ゼロを目指し、一般歳出について、82年度予算は伸び率ゼロ、翌年度予算からはマイナスという厳しい概算要求基準を設定し、これが可能なように、行政の全領域を見直そうとした。その中でも歳出削減の主要な対象となったのは農業、社会保障、文教の分野であった。

　農業分野では初めて保護的介入を弱める方向に踏み出し、売買逆鞘解消など食管経費の縮減合理化、転作奨励策の見直しなどによる財政負担の軽減が図られ、従来膨張する一方であった文教関係においても、軒並み事業計画の縮小・停止がなされた。しかし、最も大きな削減の対象となったのは、各種の制度改革もなされた社会保障関係であった。

　日本においては、公的扶助の水準・規模は国際的にみて極めて低いが、児童手当での所得制限の強化や生活保護運用の適正化など適用対象をさらに絞り込みつつ、国庫補助率も削減した。

　医療に関しては、医療保険への国庫負担の軽減のために、受益者負担の強化によって医療需要を抑える方向に転じた。老人健康保険制度を創出し、老人に一部自己負担を求めると同時に、被用者保険からの分担拠出割合を高めた。また、退職者医療制度も同じく被用者保険への負担を高めて、国庫負担を軽減する措置である。国民健康保険の国庫補助率引き下げ、被用者保険本人給付率の引き下げはもちろん国庫負担の軽減と受益者負担の強化に他ならない。

年金についても生活保護の水準よりも低い基礎年金制度を創設し、これに対する国庫からの繰入率も3分の1に限定した。それ以上は被用者について、独立採算の所得比例による、したがって保険料負担の強化と給付水準の引き下げを伴った厚生年金、共済年金となった。こうした点から、老後にも現役時の競争の結果が維持されるべきであるという自立・自助をすすめる新自由主義的傾向への変化を伺うことができる。

　このような歳出削減の下での財政再建は、名目所得増に対する調整減税も行わなかったことによる自然増税もあって、歳入の対GDP比も景気回復とともに上昇し、赤字幅の急速な縮小をみた。しかしながら、数字的に見るこの成功も、名目的な削減が3分の1におよび、見かけ倒しという面がかなりあることも事実である。

② 規制緩和・民営化の推進

　情報化を軸とする近年の技術革新が産業の競争条件を競争促進的に変えつつあり、多品種少量生産が小回りの利く中小企業にとって有利な状況を与えているという観点から、規制緩和を推進し、公的事業の民営化も推し進めた。

　規制緩和については「自動車の定期点検整備及び検査」「運転免許証の更新」等一般国民の日常生活を対象とするもので、必要以上に国民に負担をかけている検査・検定簡単化措置から、「データ通信回線利用の自由化」や一連の「金融自由化措置」等の事業規制緩和措置、また「市場アクセスの改善」等の市場開放措置まできわめて広範にわたって実施された。

　民営化に関してはまず、国鉄、電電、専売の3公社がそれぞれJR、NTT、JTへと民営化された。結果として26件、37法人

の統廃合がすすめられ、日航の完全民営化をはじめ、12法人の民間法人化が行われた。

以上のように新自由主義はアメリカ・イギリス・日本を中心にしてその政策が遂行されてきたが、それらに共通しているのは歳出削減と経済成長構造の変化に伴う規制緩和の必要性を実行に移してきたという点である。大量生産大量消費の時代が終わりを告げ、知的財産権、金融取引による富の蓄積が消費を牽引する時代においては、それらの市場を拡大させるための新たな環境づくりが必要である。そのための施策というものが新自由主義の下に行われたとも捉えることができる。

第2節　新自由主義制度論

この理論は、ある立場に置かれた国家が担うべき役割を「規範」と定義し、その規範によって規定された行動パターンを「制度」として重要視する。この「制度」に関しては様々な議論が交わされてきたが、こうした議論をリードしてきた国際政治学者の1人にロバート・コヘインがいる。コヘインはリアリズムの国際政治観を補完するため、新たな国際政治の現実、とりわけ、西側先進諸国を中心とする協調関係を説明する分析概念として、複合的相互依存（Complex interdependence）を提示した。この複合的相互依存とは、国家の軍事力を中心とした権力闘争の世界観に対して、国家に限らず多様なアクターが、安全保障、経済、環境といった様々な問題を同列に扱い、これらの問題に各国が武力を用いず、また、他のアクターと協力していくという世界観である[4]。そして、こうしたアクター間の関係を制御し、調整する手続き、ルール、制度が国際レジームと称されている[5]。そのアクターの中心である国家という概念において、コヘインは以下の3点を定義

している。[6]

（1）国家は世界政治における主要なアクターである。
（2）国家はあたかも合理的であるかのように行動する。その意味は、国家は、その置かれた環境という点から戦略的な状況を評価し、期待される利得を極大化しようとする。
（3）国家は利他的に行動するのではなく、国益を追求する。

　そして、この前提を基に、国家間関係はいつでも戦争に至る可能性があり、基本的に、国家は互いに協調しないという結論が導き出される。しかし、こうした前提に対して様々な例外が登場した。たとえば、民主主義国家同士は戦争を行わないことや、国家を超えるような企業体の存在がより大きな影響力を持つようになったということが挙げられる。さらには、国際協調が広がりをみせ、制度化が進んでいることもある。具体的には、WTOのような貿易レジーム、世界の金融・経済を管理するIMF、地域経済圏のEU、環境に関する制度の発展等である。そこでコヘインは新たな前提を付け加えた。それは「国家は国際制度を発展させることにより互いに協調する場合もある」というものであった。

　コヘインはまた、覇権後（after hegemony）の理論を提示した。これは、核兵器が登場し、実際の覇権戦争による覇権の交代が、実質的には不可能になったため、覇権国の国力が衰えてきた場合に、どのように国際秩序を維持すればよいのかという疑問への答えである。彼は一度出来上がった国際秩序を維持するためには初めから作り直すよりもコストはかからないため、覇権国の国力低下に伴い、その維持コストを大国が分担して負担することで、国際秩序が保たれるというものである。

第3節　レジーム論

　国際レジームという概念を国際政治に最初に導入したのはジョン・ラギーであるといわれる。ラギーは、国際政治において国際機構の役割があまりにも誇張されているので、諸国家が様々な問題に集合的に対応する場合、国際機構というよりも制度化それ自体、とりわけエピステーメ（epistemes）と呼ばれる相互の期待や相互的な意図の予測といった主観的要因を重視しようとした。ラギーは国際機構を機能させている国家間の知識共同体（epistemic community）に着目した。国際レジームに関しては、スティーブン・クラズナーによる次のような標準的定義がある。

　　「レジームとは、国際関係の特定の分野における明示的あるいは黙示的原理、規範、ルール、並びに意思決定手続きのセットであり、それを中心としてアクターの期待が収斂していくものである。原理は事実、因果関係、公正の信念である。規範は権利と義務という点から定義される行動基準である。ルールは行為を具体的に明示しあるいは禁止する。意思決定手続きは集合行為の形成及び実施のための一般的な慣行である」（Krasner 1983 : 2）[7]

　このクラズナーの定義をみても明らかなように、様々な概念、たとえば、原理、規範、ルール、意思決定手続きなどが併置され、また、アクターの期待が収斂するものである。しかしながら、レジーム論に対しては批判的な学者もおり、スーザン・ストレンジは、「レジームという用語が用いられるとき、人によってその意味が異なる」（Strange 1983 : 343）[8]と指摘する。レジーム論に裏打ちされた実際の例としては、WTOの存在が挙げられる。元々覇権国であったアメリカの後ろ盾で

形成された自由貿易体制構築のための国際機関であるWTOではあるが、時を経るに従いその加盟国を大幅に増やしていき、加盟国間におけるルールが明確になり、ネガティブコンセンサス方式の採用により、紛争処理の手続きも進歩した。これはまさにクラズナーの定義にはあてはまるレジームの最適な例と言える。

第4節　マルクス主義

　マルクス主義とは、狭義には、カール・マルクスとフィリードリッヒ・エンゲルスの思想や理論、分析、あるいは実践活動のことであり、それは19世紀の西欧資本主義社会を解明しながら、来るべき共産主義革命とその後の社会原理を展望するものであった。しかし、その後、マルクス解釈の多様化とともに、マルクス主義は様々な思想運動へと展開した。哲学、思想、社会科学全般、社会運動、社会政策、文芸など、その影響は多岐にわたり、思想としてピークを迎えたのは、20世紀の中頃である。

　マルクス主義はまず、シュンペーター的企業家における「創造的破壊」の精神を、政治的市民活動の理念に結び付けて、国家が経済制度を革新すべきであると考える。次に、資本主義社会の秩序を安定させたり、成長させることよりも、むしろ「強者を没落させて弱者を浮上させるというビジョンを持ち、既成秩序の革命的転覆を志向する。さらに、自由な家父長制を「近代資本主義の遺物」とみなしてこれを否定し、代わって、労働における男女平等を作為的に制度化しようとする。また革命後の社会観として、マルクス主義は、物象化されないコミュニケーションの関係を理想としつつ、すべての人間関係を疎外から回復するような、包摂型の社会を展望する。それは、革命を導くた

めの理想として、さしあたって国家レベルでの共感と連帯を展望するだろう。

以下の節ではマルクス主義に影響を受けた幾つかの理論についてまとめる。

第5節　従属理論

マルクス主義の影響を受けた従属理論は、世界経済におけるアクターを「中心」とする先進国と、「周辺」とする発展途上国と捉えた。この両者の関係は開発途上国か経済発展を遂げると先進国になるというものではなく、先進国の経済発展は開発途上国からの搾取の下に成り立っているという理解である。それ故、先進国が経済発展すればするほど、途上国では低開発の状態が進展するという。

さらに「中心」である先進国の内部でも、資本家などから構成されている「中心」部分と、市民あるいは労働者等から構成される「周辺」に分けられる。また、「周辺」である途上国でも大地主等の「中心」と小農民や労働者等の「周辺」に分けられる。

そして、それぞれの「中心」と「中心」が結び付き、「周辺」の「周辺」部分がさらに劣悪な環境へと進んでいく。このような関係は植民地宗主国と植民地の関係に始まり、旧植民地が独立した後も、先進国である「中心」と開発途上国である「周辺」の社会・経済構造の中にそれぞれ組み込まれてしまっているという。こうして、開発途上国の国民経済の発展は後回しにされ、多国籍企業がますます発展し、強力になっていくという見解である。

第6節　世界システム論

　この従属理論を基に、ウォーラーステインは世界システム論を構築した。大きな相違点は「中心」、「周辺」の関係に新たに「半周辺」を加えたことにある。あらゆる国家は、自己の国境の内部に中心的経済活動と周辺的経済活動の両方を取り込んでいる。だが、支配的に取り込む活動が中心的経済活動となる国家もあれば、周辺的経済活動となる国家もある。こうした違いによって、前者は「中心」国家となり、世界的な富の蓄積と権力の座を占める傾向を持ち、後者は「周辺」国家として搾取され、権力を奪われるようになる。

　この極めて不平等な分極化システムに、正当性と安定性を与えているのが、「半周辺」国家の存在になる。この「半周辺」国家の定義としては、自己の境界内に取り込んだ中心－周辺活動の構成が、多少とも均等な国家ということになる。まさに、「半周辺」国家では、その境界内に入る中心－周辺活動の構成が、相対的に均等なものであるために、中核に上昇するほどの力はないにしても、周辺化作用に抵抗するだけの力は行使できると仮定されるのである。ここに設定されているものはあくまでも国家群（中心、半周辺、周辺）に当てはまるのであって、個別国家に対するものではない。

第7節　グラムシ理論とヘゲモニー

　ヘゲモニー（hegemony）という言葉を世界に浸透させたのはイタリアのマルクス主義思想家・運動家であるアントニオ・グラムシであった。彼は強制や恐怖による権力支配とは異なり、人々の合意による権力掌握のことについて指摘し、それをヘゲモニーと称した。ヘゲモ

第3章　新自由主義からマルクス主義まで－理論の変遷－

ニーの理論では、主体性をもつ人々が、なぜ意見を異にする勢力や権力に従属するのかということについて明らかにする。すなわち同意をもとに活動に参加していると感じている主体は、その活動がもつイデオロギーの実践を通して内面化し、全体の活動に「従属」するということが可能になるということである。これは、強制的な権力により従属していることでもなく、また処罰や恐怖によって主体性のある人をあることに従わせることでもない。現代の例に当てはめて考えてみれば、資本主義経済システム下で生活している我々が景気の悪化や経済成長率の低下で失職し、苦しい生活を余儀なくされているとした場合、それが資本主義経済システムのせいであるとして革命を起こさないのはまさにそのイデオロギーを取り入れて「従属」してしまっているからに他ならない。

　このヘゲモニーという言葉は国際関係論では覇権と訳され、国際関係の中で圧倒的な軍事力・経済力をもち、国際秩序という国際公共財を提供する国であると定義されるのがいわゆる覇権国と呼ばれる国である。覇権国は国際秩序や国際的な諸制度の枠組み・ルールを決定するパワーを持つとともに、このような国際秩序を維持するためにコストを負担する。第2次世界大戦後のアメリカがまさにそれである。

　この他に国際関係論におけるアクターとして「大国」というものがある。これは安定した国際秩序を前提に、もっぱら自国の発展のために国家のエネルギーを注ぎ、次第に国力を増大させる国であり、国際秩序の形成・維持のためのコストをあまり負担しないという点で、フリーライダーとも呼ばれる場合がある。第2次世界大戦後のアメリカが覇権国であるならば、日本はこの大国に当てはまる。

　そして、挑戦国と呼ばれる大国中のある国は覇権国の国力低下に伴い、覇権国へ挑戦できるだけの国力を付け、既存の秩序に代わり、自

国を中心とする新しい国際秩序を形成しようとする。この際に起こる戦争を覇権戦争と呼び、覇権戦争後に新覇権国による新たな国際秩序が形成される。

注
1) マネタリズム：アメリカの経済学者M.フリードマンに代表される考え方であり、政府支出を中心に裁量的な政策を行うとするケインズ経済学に対し、市場機構に信頼を置き、通貨供給量を固定化することで、物価の安定に重点を置き、より自由な経済を目指そうという考え。
2) ラッファーの理論：ウォールストリートジャーナルの記者であったアーサー・ラッサーにより提唱された理論であり、税収と税率の相関関係を説いたものであり、しばしば減税の理論的背景として用いられる。
3) トリクルダウン効果：滴が流れ落ちるように、大企業や富裕層の経済活動を活発化させることにより、その富が低所得者層にまで及んでいくという効果であり、政府による福祉や社会保障を行うことに代わり、市場中心の経済活動に重きを置く新自由主義の立場に立った理論である。滴下効果とも。
4) Keohane and Nye 1977：23-25
5) Keohane and Nye 1977：5
6) Keohane and Martin 2003：73-74
7) Krasner 1983：1-2
8) Strange 1983：343

参考文献
Koehane, Robert O. 1984. After Hegemony：Cooperation and Discord in the World Political Economy. New Jersey：Princeton University Press（石黒馨・小林誠訳『覇権後の国際政治』晃洋書房、1998年）
Keohane, Robert O., and Lisa Martin. 2003. "Institutional Theory as a Research Program." In Elman, Colin, and Miriam Fendius Elman, eds. Progress in International Relations Theory：Appraising the Fields. Cambridge：The MIT Press.
Krasner, stephen D. 1983. International Regimes：Cornell University press
Strange, Susan 1986. casino capitalism：Blackwell pub（小林襄治訳『カジノ資本主義』岩波現代文庫、2007年）
I.ウォーラーステイン.2006：近代世界システムI：岩波書店

第 2 部

変貌する国際社会と
　　　国際政治経済学

第4章　グローバル化と世界的な物価水準の収れん傾向

　近年の国際政治経済において最も重要な出来事はグローバル化の進展である。グローバル化には様々な定義の仕方が可能であるが、単純化して言えば、国内経済活動よりも国際的経済活動が活発に行われることであろう。本章ではこうしたグローバル化が進む中での世界的な物価の動きについて分析する。90年代後半以降グローバル化が進展する中で、各国間の相互依存関係が深まり、世界的に一物一価の法則がより貫徹しやすい状況が生起している。換言すれば、世界的に物価水準が収れんする傾向が強まっており、先進国と途上国の物価水準も近づく傾向にある。こうした中で先進国ではディスインフレ傾向が続いている。このディスインフレ傾向は、物価の安定という重要な経済政策の一目標を達成する上で追い風となったが、他方において一部の先進国では緩和気味の金融政策運営を長引かせ、資産価格の高騰などの一因となった可能性は否定できない。

　本章の構成は以下のとおりである。第1節で90年代後半以降にグローバル化が急速に進展したことをまず確認した上で、第2節及び第3節では、同時期に世界的な物価水準の収れん傾向がみられるようになったことを理論的、実証的に分析する。最後に第4節では先進国におけるディスインフレの問題点について指摘する。

1．90年代後半以降におけるグローバル化の進展

　まずグローバル化とは何かについて簡単に整理しておこう。一般的には、財、サービス、金融資産、労働の国境を越えた取引が国内における取引よりも急速に拡大することと定義できるであろう。例えば、近年における財・サービスの世界貿易の伸びは世界全体のGDP成長率を大きく上回っている。また、国際的な金融取引の増加率は貿易のそれよりも更に高い。労働者を含むヒトの国際間の移動にも目を見張るものがある。このようにして国際的な取引が拡大し、世界的な生産ネットワークが形成される中で、その一部に組み入れられることにより、中国やインドなどの新興市場経済は急速な経済成長を遂げている。こうした新興市場経済の急成長も近年のグローバル化の重要な一側面として捉えることができよう。

　以上のような意味におけるグローバル化が急速に進展したのは、1990年代以降、とりわけ90年代後半以降である。図表4－1をみると、非OECD諸国（途上国とほぼ同義）における対内直接投資ストック（世界のGDPに対する比率）は90年代、とりわけ90年代後半に急速に拡大したことがわかる。また、世界全体の対内直接投資ストック（同）も90年代後半に大きく伸びていることがみてとれる。図表4－2では、OECD諸国（先進国とほぼ同義）の非OECD諸国からの輸入（OECD諸国のGDPに対する比率）をみている。石油価格増減の影響を取り除いた非OPEC（石油輸出国機構）諸国からの輸入をみると、ここでも90年代後半以降急速な伸びを示していることがみてとれる。

　以上から明らかなように、90年代後半以降先進国からの直接投資を媒介として途上国が国際的な生産・貿易ネットワークに組み込まれるようになった。それに伴って先進国の途上国からの輸入も急増した。

第4章　グローバル化と世界的な物価水準の収れん傾向

図表4－1　対内直接投資ストック

（世界の GDP に対する比率）

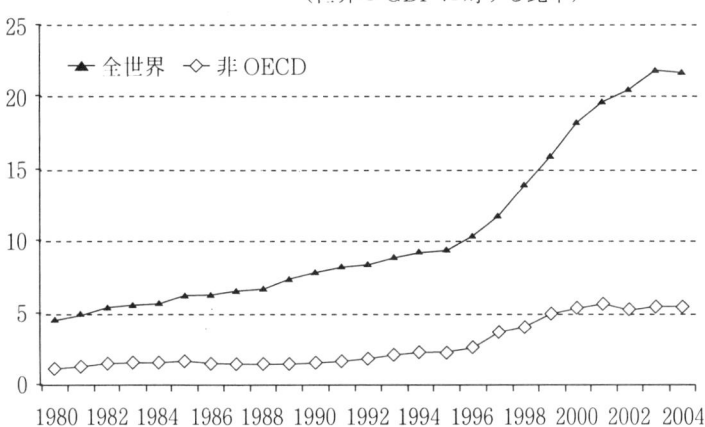

（出所）UNCTAD World Investment Report database 及び IMF World Economic Outlook detabase

図表4－2　OECDの非OECD諸国からの輸入

（GDPに対する比率（％））

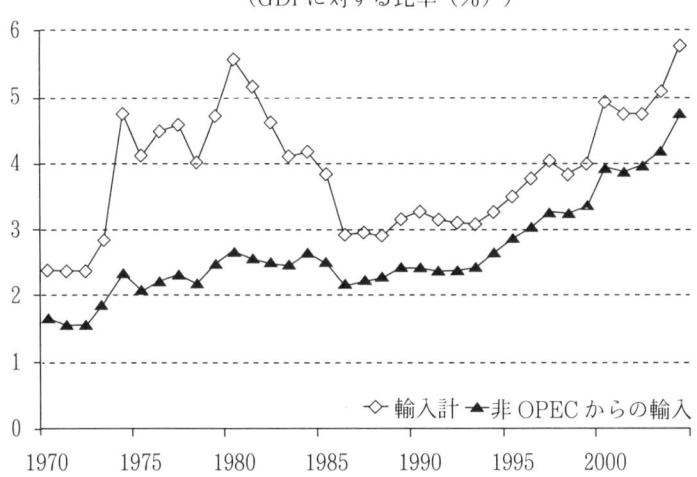

（出所）OECD Intemational Trede Statistics database 及び Economic Outlook database

例えば、日本の企業が中国に進出して工場を建設し、そこで生産した財を日本をはじめとする先進国に輸出するといった動きがこの時期に加速したのである。更に言えば、先進国からの直接投資の拡大に伴う技術移転や技術ノウハウの吸収もあって、途上国の生産性はこの時期に大きく上昇し、高い経済成長を達成することが可能となった。

こうした90年代後半以降の急速なグローバル化の一つの大きな要因は、旧社会主義諸国の世界経済（資本主義経済）への統合である。「ベルリンの壁が崩壊し、世界の30億人の労働力人口のうち、何らかの形で社会主義経済の壁で隔てられていた約半分が、競争的な世界市場に参入したこと[1)]」で、グローバル化は新たな局面を迎えた。

いずれにせよ以下、第2節及び第3節では、90年代後半以降グローバル化が急速に進展する中で、世界的に一物一価の法則（the law of one price）あるいはその拡張版にあたる購買力平価（purchasing

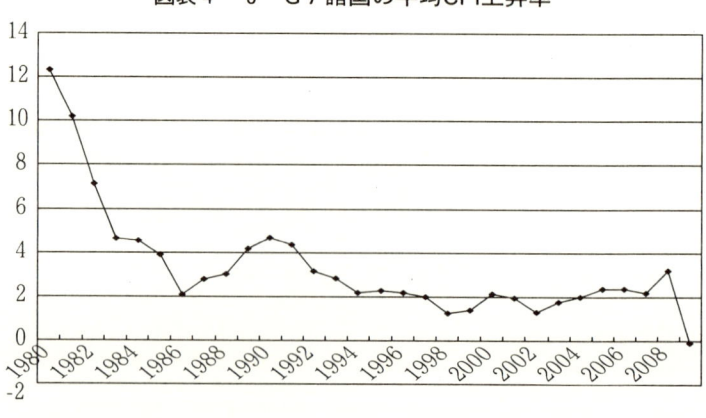

図表4－3　G7諸国の平均CPI上昇率

（注）G7諸国の平均CPI上昇率は、80年代前半7.8％、80年代後半3.2％、90年代前半3.4％、90年代後半1.8％、2000年代前半1.8％、2000年代後半2.0％。

power parity) が従前よりも貫徹しやすくなってきており、世界的な物価水準の収れん傾向がみられることを示していきたい。また、そうした中で、90年代後半以降先進国においてディスインフレ傾向が顕著となっていること（図表4－3参照）を明らかにしていきたい。

2．世界的な物価水準の収れん傾向—理論的考察

2－1．一物一価の法則

　関税等の貿易障壁も輸送コストも存在しない競争的市場においては、同じ商品の価格は世界各国で同一となるというのが一物一価の法則の説くところである。世界各国で同一の価格という場合、もちろん価格を同じ通貨単位で比べる必要がある。例えば、円・ドルレートが1ドル＝100円の場合、東京で1万円で売られているセーターは、ニューヨークでは100ドルで売られるということである。この場合、ニューヨークにおける円建て価格は、東京と同じ1万円である。逆に、東京におけるドル建て価格は、ニューヨークと同じ100ドルである。

2－2．購買力平価

　一物一価の法則は個別の財・サービスについて適用される概念であるのに対し、これをより広く一般物価水準に対して適用したものが購買力平価という概念である。すなわち、購買力平価という概念は同一の（例えば代表的な消費者が1年間に消費する）標準的な消費バスケットに含まれるすべての財・サービスの価格の合計は各国間で一致するということである。再び日本とアメリカを例にとれば、同じ標準的な消費バスケットに含まれる財・サービスの価格の合計は両国で一致するということである。1ドル＝100円の場合、標準的なバスケットの

合計金額が日本で500万円であれば、アメリカで同じバスケットは5万ドルすることになる。換言すれば、同一バスケットの金額が日本で500万円、アメリカで5万ドルであれば、為替レートは1ドル＝100円に決まるというのが購買力平価の含意するところである。

　現実には一物一価の法則なり購買力平価がそのまま当てはまるわけでないことは言うまでもない。まず、世界各国において関税などの貿易障壁は依然として残っているし、また各国間の輸送コストもゼロではない。財・サービスの価格に対して輸送コストが極端に高い場合には、それらの財・サービスはそもそも国境を越えて交易されることのない非貿易財（nontradables）となる。非貿易財の例として教科書などにしばしば登場するのは理髪（床屋）であるが、これに限らず、一般的には多くのサービスは非貿易財である。ただし、金融サービスなどは国境を越えて取引されており、近年情報通信技術の進歩などにより、こうした貿易可能なサービス分野が広がりつつある点には留意する必要がある。

　また、市場が完全に競争的でなく、独占的競争や寡占などが生じているような場合にも、一物一価の法則が成り立たないことが十分ありうる。例えば、独占的競争市場においては、同じ自動車メーカーが同じ自動車をA国とB国とで異なる価格で販売するということもしばしば起こることである。ちなみに、このような場合、一般的に需要の価格弾力性がより低い国でより高い価格をつけるということが行われる。

　以上みたように、一物一価の法則ないし購買力平価が純粋な形でそのまま現実の世界に当てはまるわけではない。しかし、近年世界的に物価水準の収れん傾向がみられることも事実である。以下でそのことを実証的に示すこととするが、その前に一つ留意するべき点を指摘しておきたい。それは豊かな（一人当たりGDPの高い）国と貧しい（一

人当たりGDPの低い）国の物価水準を比較すると、概して前者の方が後者より高い傾向にあるということである。例えば、日本と中国の物価水準を比べると、日本の方が何倍も高い。こうした現象を説明する有力な見方がBalassa＝Samuelson仮説（B＝S仮説）である。実証分析に移る前に、このB＝S仮説についてみてみよう。

2－3．Balassa＝Samuelson仮説

貿易財については、国際的な競争圧力が働くことから、一物一価の法則が（近似的にではあっても）比較的成立しやすい。これに対し、非貿易財は国際的な競争圧力が働かないために各国間で価格水準が大きく乖離し得る。この非貿易財の価格を豊かな（一人当たりGDPの高い）国と貧しい（一人当たりGDPの低い）国とで比較すると、一般的に豊かな国において価格がより高いという傾向が観察される。また、この結果、貿易財価格と非貿易財価格との加重平均である一般物価水準も豊かな国でより高いという傾向が観察される。こうした現象を説明する一つの有力な仮説がB＝S仮説である。この仮説では、豊かな国も貧しい国も非貿易財（例えば床屋）の労働生産性は大きく違わないものの、貿易財（例えばコンピューター）の労働生産性は大きく異なり、貧しい国よりも豊かな国の方が高いと想定する。貿易財部門では国際的一物一価の法則が成り立つと想定しており、その結果、豊かな国の賃金は貧しい国のそれよりも高くなる。各国内の労働市場は完全に競争的であると想定されていることから、非貿易財部門の賃金も豊かな国の方が貧しい国よりも高くなる。非貿易財部門の労働生産性は豊かな国も貧しい国も同一と仮定しているので、より高い賃金を反映して、非貿易財の価格は豊かな国の方が高くなる。各国の一般物価水準は貿易財価格と非貿易財価格との加重平均であることから、一般

物価水準も豊かな国の方が貧しい国よりも高くなるというのである。

以下、第3節では、純粋な意味での購買力平価が成立しているかどうかを実証的に分析するのではなく、各国の豊かさを考慮した上で、世界各国の物価水準に収れん傾向がみられるか否かを1990年以降のデータを用い実証的に確認する。

3．世界的な物価水準の収れん傾向―実証分析

3－1．データ

ここでは各国の物価水準を一人当たりGDPに回帰する。推計期間は1990～2006年であり、データはIMFのWorld Economic Outlook Database（April 2008）の年次データである。この分析では、各国の物価水準も一人当たりGDPも米国を100として基準化している。

各国の（米国と比べた）物価水準については、IMFデータより導出した購買力平価為替レート（購買力平価を成立させる為替レート）を現実の為替レートで除して物価水準として定義している。例えば、日本については、購買力平価為替レート（¥/＄）を現実の為替レート（¥/＄）で除した値を用いており、この値が大きいほど物価水準が高いことになる。仮に購買力平価為替レートが1ドル＝120円、すなわち米国では1ドルで購入できるものが日本では平均して120円するのに対し、実際の為替レートが1ドル＝100円であれば、日本の物価水準は米国（100）と比べ1.2倍、すなわち120ということになる。各国経済の豊かさあるいは発展段階を示す一人当たりGDPは、IMFデータの購買力平価為替レートで評価（換算）した一人当たりGDP（ドル建て）を使用している。

以下では、世界全体についての回帰のほかに、先進国、OPEC（石

油輸出国機構）諸国、途上国（OPEC諸国を除く）の三者に分けた上での回帰も行っている。先進国に分類しているのは、IMFによりAdvanced Economiesに分類されている35カ国である。OPEC諸国はOPEC加盟の12カ国、そして途上国に分類されているのは、IMFによりDeveloping and Transitional Countriesに分類されている国のうちOPEC諸国を除いた計134カ国である。OPEC諸国を途上国から除外した理由は、カタール、クウェートをはじめとした幾つかの国は一人当たりGDPが非常に高く、当分析において途上国に分類するのは適当ではないと判断したからである。

3－2．推計結果

ここでは、上記で説明した世界各国のクロスセクション・データを用い、各国の豊かさを考慮した上で、世界各国の物価水準に収れん傾向がみられるかどうかを検証する。図表4－4～図表4－6は、横軸に購買力平価為替レートによって換算した1人当たりGDP（アメリカを100とする）、縦軸にアメリカと比べた物価水準（米ドルに対する購買力平価為替レートを実際の対米ドル為替レートで除した値×100）をとったものである。図表4－4は90年代前半、図表4－5は90年代後半、図表4－6は2000年代（2006年まで）についてみたものである。これらの図では、世界全体についての回帰式のほかに、先進国、OPEC諸国、途上国（OPEC諸国を除く）それぞれについての回帰式を示している。

推計結果からは、以下の三点を読み取ることができる。

まず、全世界の決定係数が期を追うごとに高まっていることである。決定係数は90年代前半の0.47から、90年代後半には0.55、2000年代には0.67へと上昇している。趨勢線（回帰式）の周りの散らばりが時期

図表4－4　一人当たりGDPと物価水準（1990－1994年）

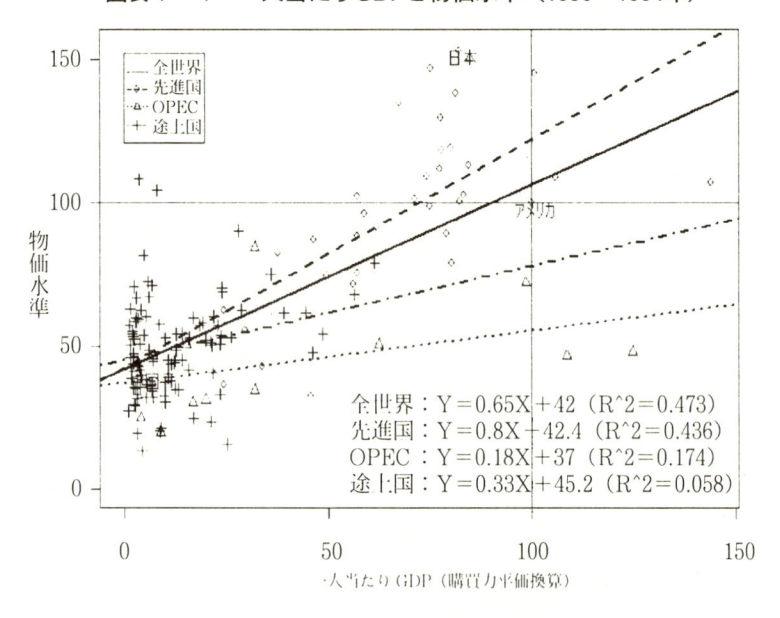

全世界：Y＝0.65X＋42（R^2＝0.473）
先進国：Y＝0.8X＋42.4（R^2＝0.436）
OPEC：Y＝0.18X＋37（R^2＝0.174）
途上国：Y＝0.33X＋45.2（R^2＝0.058）

図表4－5　一人当たりGDPと物価水準（1995－1999年）

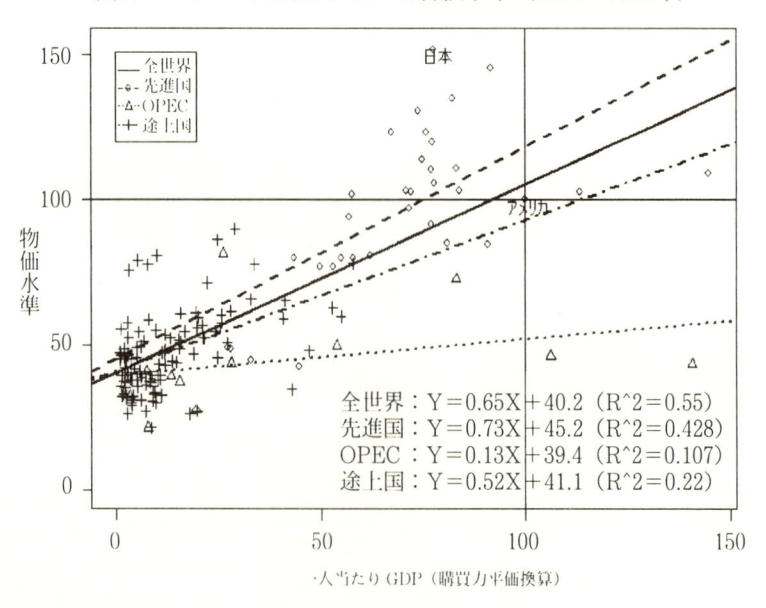

全世界：Y＝0.65X＋40.2（R^2＝0.55）
先進国：Y＝0.73X＋45.2（R^2＝0.428）
OPEC：Y＝0.13X＋39.4（R^2＝0.107）
途上国：Y＝0.52X＋41.1（R^2＝0.22）

第4章　グローバル化と世界的な物価水準の収れん傾向

図表4－6　一人当たりGDPと物価水準（2000－2006年）

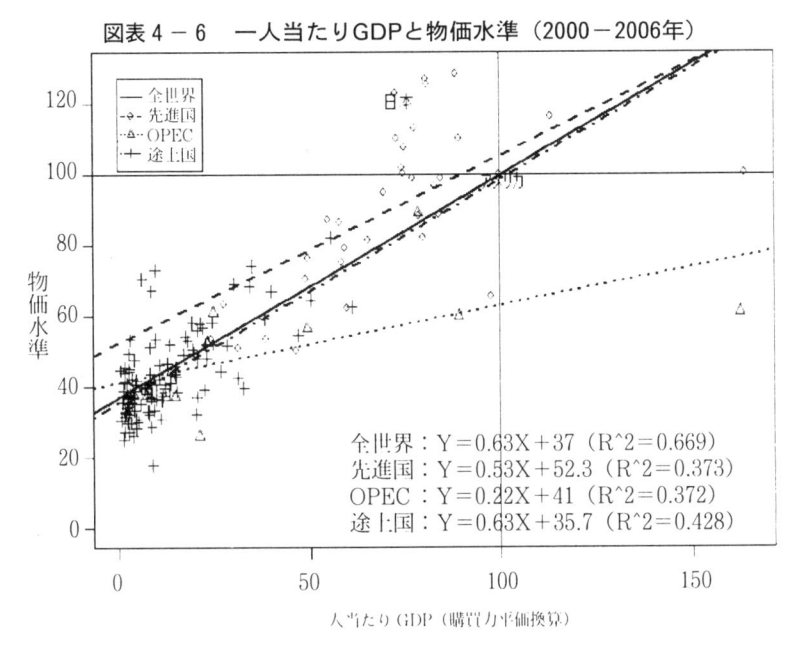

全世界：Y=0.63X+37（R^2=0.669）
先進国：Y=0.53X+52.3（R^2=0.373）
OPEC：Y=0.22X+41（R^2=0.372）
途上国：Y=0.63X+35.7（R^2=0.428）

を追うごとに小さくなってきていることがみてとれる。すなわち、一人当たり所得水準で調整した購買力平価がより当てはまるようになってきているということである。

次に、途上国についても、決定係数は90年代前半の0.06から、90年代後半には0.22、2000年代には0.43と急速な高まりをみせている。なお、先進国については、決定係数はいずれの期間も0.4前後で大きな変化はみられない。すなわち、先進国のみならず途上国においても一人当たり所得水準で調整した購買力平価が説明力を持つようになってきているということである。

最後に、先進国の趨勢線（回帰式）と途上国のそれとを比べると、90年代前半には両者の間に大きな隔たりがあったものの、90年代後半には大きく近づき、2000年代には両者はほぼ一致するようになっている。ここからは先進国と途上国の物価水準の収れん傾向がみてとれる。

以上の結果は、旧社会主義国を含め、途上国を巻き込んでのグローバル化の進展などにより、途上国を含め世界各国の（豊かさを考慮した上での）物価水準が収斂する動きが強まってきていることを示していると解釈することが可能である。

4．先進国におけるディスインフレの問題点

4－1．先進国におけるディスインフレの問題点

　いずれにせよ、グローバル化の進展を主因に、90年代後半以降世界的に物価水準の収れん傾向がみられ、先進国のインフレ率には下押し圧力がかかることとなった（図表4－3参照）。これによって経済政策の重要な目標の一つである物価の安定を図ることは以前よりも格段に容易になってきている。アメリカの連邦準備制度理事会（FRB）議長を20年近く務めたグリーンスパンは次のように述べている。「1990年代半ば以降、世界の中央銀行の政策と金融市場の反応から、インフレ率が比較的簡単に下げられることに、私は驚いてきたのである。1980年代末に嫌というほど意識していたインフレ圧力はほとんどなかった。」と。[2] 逆に日本は長期にわたりデフレに悩まされ、また他の一部の先進国でもデフレが懸念された時期があった。ディスインフレが行き過ぎればデフレの世界に突入してしまい、そのことが大きな問題となることは言うまでもない。

　ディスインフレは、以上のデフレという問題のほかにも、新たな問題を先進国経済に突きつけた。先進国では物価・賃金への下押し圧力が強まった結果、物価の安定と景気の拡大とが以前よりも両立しやすくなった。景気が拡大を続けていても、物価は安定を維持しているため、金融政策当局は引き締める必要がなく、緩和的政策を続けること

が可能となった。例えば、イギリスでは今回の世界金融危機によって途切れるまで、景気の拡大が15年以上も続いた。こうしたことが一部の先進国において、物価高騰を伴わない景気過熱と資産価格高騰を招いた可能性は否定できない。貿易財を中心に財・サービスの価格は総じて安定しているものの、過剰な資金が集中する株式、土地、住宅、一部の一次産品などが高騰するといった事態が発生したのである。こうしてみるとわかるように、2006年頃までのアメリカ及び一部欧州諸国における住宅価格高騰も、先進国におけるディスインフレ傾向がその背景にあったと考えることができよう。

4－2．日本のデフレ

日本では90年代中盤以降物価の下落（デフレ）が続いている。これまでの分析を踏まえると、日本の近年のデフレは次のように解釈することが可能である。日本の物価水準は同じような発展段階（一人当たり所得水準）にある他の先進国と比べ際立って高い水準にあった（図表4－4～図表4－6参照）。90年代後半以降、急速なグローバリゼーションの進展などにより、途上国も含め世界的に物価水準が収斂する動きが強まる中で、際立って高い日本の物価水準に強い下落圧力が働いたことが近年の日本のデフレの要因であると考えることができよう。

注
1）グーリンスパン（2007）
2）グーリンスパン（2007）

参考文献
法専充男（2009）『デフレとインフレの経済学－グローバル化時代の物価変動と日本経済』 日本評論社
水野和夫（2003）『100年デフレ』 日本経済新聞社

アラン・グリーンスパン（2007）『波乱の時代』 日本経済新聞出版社
Asea, Patrick K. and Enrique G. Mendoza (1994) "The Balassa-Samuelson Model: A General-Equilibrium Appraisal," Review of International Economics vol. 2.
Balassa, Bela (1964) "The Purchasing-Power Parity Doctrine: A Reappraisal," Journal of Political Economy, vol. 72.
Bank for International Settlements (2005). *Annual Report 2005*.
International Monetary Fund (2006). "How has Globalization Affected Inflation?" *IMF World Economic Outlook*, April 2006.
Krugman, Paul R. and Maurice Obstfeld (2003) "Price Levels and the Exchange Rate in the Long Run," *International Monetary Theory and Policy (Sixth Edition)*.
Obstfeld, Maurice and Kenneth Rogoff (1996) *Foundations of International Macroeconomics*, MIT Press.
Organization for Economic Cooperation and Development (2007). "Making the Most of Globalisation." OECD Economic Outlook 81, Chapter 3.
Pain, Nigel, Isabell Koske and Marte Sollie (2006). "Globalisation and Inflation in the OECD Economies." OECD Economic Department Working Papers No. 524.
Samuelson, Paul A. (1964) "Theoretical Notes on Trade Problems," Review of Economics and Statistics vol. 46.

第5章　エネルギー革命の政治経済学

1．経済、エネルギーと国際関係

　国際関係を一言で要約すれば、国家や国家以外の主体（プレーヤー）が国境を挟んで織りなす諸行動の集約的関係と言うことになろう。この多様で複雑な国際関係の分析に画期的な理論分析の枠組みを切り開いたのは、故Strange、ロンドン大学教授であった。国際政治の範疇で論議や研究が行われてきた国際関係に、政治現象と経済現象の連動性という重要な視点を導入し、国際政治経済学として新たに提示した理論枠組みである。それは国際関係の力学構造を相対的力（権力）と構造的力に概念区分したマクロの分析枠組みの下で、力の配分に焦点を置く政治学からのアプローチと、その力の源泉としての富の生産と分配に関わるメカニズムに焦点を置く経済学の視点からのアプローチを組み合わせて国際関係の動態を捉えようとするものであった。相対的力とは相対的な経済力や軍事力の行使に関わるフローの力関係を指す一方、構造的力は体制や制度的覇権を含むストックとしての力学構造で、それらは安全保障構造、生産構造、金融構造、知識構造から構成されるとしている。[1]

　これら4つの中でも経済・社会の基礎構造を成す生産と金融構造はとりわけ重要だろう。生産がなければ文明も文化も成り立たない。またこれらは力の源泉そのものでもある。そして、この生産活動、社会活動を支えるのがエネルギーであることも論を待たない。この文明社会に不可欠なエネルギーだが、一方で、その生産・供給に大きな変化

がない限り経済・社会活動には当然の与件として組み込まれ問題となることはない。この点では、金融システムと類似している。例えば、国際金融システムが通常に機能していれば、それが国際経済・社会に不可欠なものであっても、その存在が意識されることはないのに同じだ。しかし、エネルギー不足やエネルギー革命など大きなエネルギー転換が生じると当然の与件ではなくなる。それが生産構造を大きく変え、エネルギー覇権自体も構造変化していくことになるため、国際関係における力学構造とともに国際社会全体が大きな変容を来たすことになる。そのエネルギーの長期波動における大転換を促すエネルギー革命が最近米国で生じた天然ガスの採掘革新、「シェールガス革命」である。それは100年に一度のエネルギー大転換を導き得る革命と見做されるだけに、そのインパクトは、Strangeの枠組みのような学際性と体系性を持って分析を進め、全体像を把握していく必要があろう。その革命の概容を以下一瞥した上で、エネルギーの長期波動と経済の関係を軸に広義の「国際政治経済学」の文脈で今回のエネルギー革命の意義と国際社会へのインパクトを見ていくこととしたい。

　まず第二次大戦後の国際社会だが、東西冷戦とブレトンウッズ体制を軸に相対的な力関係の変遷と大きな構造変化としての冷戦の終結を経験してきた[2]。冷戦の終結を経て世界は平和と繁栄の21世紀を迎えるかに見えたが、テロの多発や地域紛争が増大する一方、国際社会は金融構造及び生産構造両面から明暗2つの構造変化に直面することになった[3]。その1つが1929年以来の未曾有の世界金融危機の勃発であり、その過程で明らかになった「Anglo Saxon」金融モデルの行き詰りである[4]。もう1つが米国で実用化された天然ガスの採掘革新に伴うエネルギー革命だ。世界の基本エネルギー源は、戦後石油が中心となり、米国は、自国内の石油資源を安全保障の視点から一部温存しつつ、中

第5章　エネルギー革命の政治経済学

東の石油資源の確保に努め、中東政策を外交の最重要課題としてエネルギー覇権に根差す構造的力を保持してきた。同時に、石油資源の枯渇化への備えから原子力発電の推進も図ってきた。後者は1979年3月のスリーマイル島の原発事故を受けて一時頓挫したものの、現オバマ政権も地球温暖化防止を旗印に前政権からの原発ルネサンス構想を受け継いできた。だが、この核の平和利用と地球共生のグリーン革命という名の下での原発ルネサンス構想も、2011年3月11日の福島第一原子力発電所の過酷事故を受けて抜本的な見直しを迫られるに至った。米国、そして世界ともども金融、エネルギーの両面から行詰まりに直面することになったわけだ。エネルギーの長期波動をも変え得る可能性を秘め、100年に一度のエネルギー大転換をもたらす可能性を秘めたエネルギー革命はまさにこのタイミングで米国に於いて台頭した。

　先のStrangeの構造規定要因では「資源力」が直接的に取り上げられてはいないが、それは戦前から続く石油を中心とした世界のエネルギーの供給源の構図に基本的変化はなく、むしろそれを前提として、相対力の範疇で国際社会の問題や変容が論じられるべき時代にあったからと見做されよう。実際、中東を中心とする石油供給の基本構図のみならず石油に代わる新たな中核エネルギー源の出現も現在に至るまでみられなかった。だが、今回の米国で生じた天然ガスの採掘革新によるエネルギーの供給革命は、その規模に照らして、世界のエネルギー構造とそれに立脚する国際的力学関係をも根本的に塗り替えていく可能性を秘めている。天然ガスは、基本的に原油採掘の副産物として位置付けられてきた。実際、多大な産出国は原油産地と重複し、中東やロシアが主要産出国となっていた。そうした中で、米国の中規模エネルギーベンチャー企業が、その存亡をかけて開発に取り組んできた頁岩（けつがん＝Shale）層に眠る「非在来型」のシェールガスの画期

的採掘技術の商業化に成功した。その技術革新により、天然ガスの可採埋蔵量は確認分だけでも一挙に2倍となり、採掘が急速に広がった。開発が本格化する以前の可採埋蔵量は2010年頃でも、石油が45年、天然ガスが60年、ウランが100年（BP推計、2010）程度と見做されていた。しかし、この天然ガスの採掘革新で、すでに天然ガスはウランの埋蔵量を上回ってきた。シェールガスは欧州大陸にもポーランドなど有力な埋蔵地域がある。このような変化を受けて、石油、天然ガスを重要な外交手段としてきたロシアも、在来型の天然ガスの売り込みに力点を移さざるを得なくなった。つまり、資源の供給を欧州などへの外交の最大の切り札としてきたロシアが、その立場、力学関係の変化に対応せざるを得ない状況に変わった。このことだけでもシェールガス革命のインパクトの大きさが推察されよう。

　最大の恩恵を受けることになるのは当然米国である。米国は、世界の金融構造を支配してきたその金融モデルがリーマン・ショックで大きく崩壊し、経済力の持続的低下と併せ相対力も構造力も低下していた。その裏返しとしてのドルの威信の低下とドル安、経済のスタグフレーション化に直面する中で、構造力の最重要中核要因の1つである「資源力」、「エネルギー覇権」の回復への機会に恵まれることになった。北米大陸に圧倒的に眠るシェールガスを含む非在来型のガス（砂岩層にあるタイトサンド・ガス、泥炭層に付着するコールベット・メタンを含め）の採掘革命は、その可採埋蔵量に照らして、またその資源分布から、世界のエネルギー構造を一変させていく可能性を有している。米国が苦悩を続けてきた中東政策もエネルギー問題が全てであったと言っても過言ではないだけに、その力学関係が変われば中東政策にも大きな変化をもたらす公算が高い。国内的政治関係においても、従来は、石油産業を共和党が握り軍産共同体を形成、維持する一方、民主

党は、エネルギー産業に深く関わることはできないできた。原子力発電の推進は、元々共和党のアイゼンハワー大統領による1953年の国連演説から始まっているが、民主党政権でも推進されてきたのは新しいエネルギー産業の取り込みにその目的があったとみなされる。天然ガスは、エネルギー業界の技術革新とはいえ、中堅エネルギー企業の技術開発によるものであり、共和党の従来基盤に必ずしも染まっていたわけではない。虚をつかれた石油メジャーは石油事業に比べ採算性の高い天然ガス市場の主導権の保持のために、買収を含めて非在来型ガスの開発に乗り出した。例えば、エクソン・モービルは、シェールガス開発の中心企業の1つを、日本円で約4兆円にも上る巨額で買収を行っており、日本の大手商社も開発への参入を日本のガス会社との連携を含めて米国、カナダで進めている。[5] その認可と環境評価、開発基準作りも州、連邦レベルで急がれているが、これら一連の新ガス開発に絡む動きが国内のエネルギーを巡る政治構図をも大きく変えていく可能性がある。さらに、シェール層からのガスの採掘技術革新はそのまま同層の石油採掘にも適用が可能だ。2020年台前半までには米国は日量生産ベースでサウジアラビアを抜いて世界最大の産油国に復活すると見込まれている（国際エネルギー機関＝IEA　及び米エネルギー情報管理局、EIA、2012）。以下、エネルギーと経済発展の関わりをその長期波動との関係から明らかにした上で、100年に一度とも見做されるこのエネルギー転換の動きと供給構造の変化、その米国や世界経済への影響と国際力学構図の変化への影響を見てみたい。

2．エネルギーの長期波動と経済

2-1．エネルギー転換と産業革命

　歴史的に振り返ってみると、経済社会の活動を支えるエネルギーの長期波動は当然のことながら世界経済の変動に深く関わってきた。古くは、産業革命という一大経済変動が木炭から石炭への転換期に生じ、その石炭エネルギーがパックス・ブリタニカの下での19世紀文明（経済）を支えてきた。そして石炭の生産がピークを迎えた20世紀初頭には石油が新たな基幹エネルギー源として台頭を見る。正にその転換期に19世紀経済・文明の終焉を象徴するかの如くに世界的大恐慌へとつながった未曾有の経済変動が生じている。

　新しいエネルギーは、技術の進歩と相まって新たな産業、新たな生産構造への転換を促し、それをリードする国が経済覇権を握り覇権国として君臨してきた。周知のように、いわゆる短・中期の循環的経済変動ではなく、長期波動としての経済変動の代表的説としてコンドラティエフの最低40年～70年に及ぶ経済の波動説がある。彼はその波動の原因に、産業革命、鉄道建設、電力・自動車工業の出現3つを挙げている。だが、波動自体の算出は19世紀における景気循環期間をベースにその移動平均から趨勢を求め、金利や労賃、外国貿易額や石炭、銑鉄の産出量などの変動を手掛かりに趨勢を求めたもので、波動の原因とメカニズムを明らかにしたわけではない。経済の長期の変動と転換は景気循環論が想定する、内生的で連続的、かつ円滑的運動から生じるものではなく、画期的な技術進歩や外性的要因の一大変化、あるいはこれらの複合によって生じると考える方が実体とより整合的であろう。その外生的要因として一大変化をもたらす代表的な要因の1つ

がエネルギーの転換と言えよう。社会と産業の基盤インフラであるエネルギーは、既存のエネルギーが次第に生産減少局面に入ってくると、その生産減少による収穫逓減（採掘規模を拡大しても追加的なエネルギーの算出は減少＝価格上昇）を招き、産業全体の生産性が持続的に低下して経済の停滞を招く。そうした中で新エネルギーの台頭というエネルギー転換が引き起こされると、それによる生産性の高まりがそれまでのエネルギー生産の収穫逓減による経済停滞を打ち破り、新たな投資循環を引き起こすことになる。新エネルギー開発とその関連の投資や波及効果に止まらず、あらゆる産業の生産性を高め、投資と所得の新たな拡大循環をもたらすというメカニズムを通じて経済は新たな成長の波動に入って行くことになるからだ。このエネルギーの収穫法則を映じた価格（実質価格）推移に集約されるエネルギーの長期波動と経済の連動性を長期に振り返って要約図示すれば、図表5－1のように示される。

　産業革命前後まで遡ったエネルギーの実質価格を示すことは困難だが、産業革命も木炭から石炭へのエネルギー転換期に生じている。しかもその直前には製鉄や燃料用の木炭が世界的にも不足し価格が高騰していた（木炭資源の枯渇化）ことから木炭から石炭への移行がまず製鉄業で模索され、広範な活用へと広がっている。産業革命は、この石炭利用による製鉄のコークス溶融法の開発（ダービー、1709年）を嚆矢として、1764年のジェニーの紡織機と同年のワットの蒸気機関の発明で本格化して、フルトンの蒸気船（1807年）、スティーブンソンの蒸気機関車（1814年）等の一連の発明を経てイギリスを圧倒的工業国と覇権国に押し上げながら、世界を新たな経済の長期波動に巻き起こんでいく。

　この産業革命と言う18世紀半ばまでの木炭エネルギーの枯渇化に伴

図表5−1　エネルギーの長期波動と経済変動
（上段は石油、下段は石炭の価格推移）

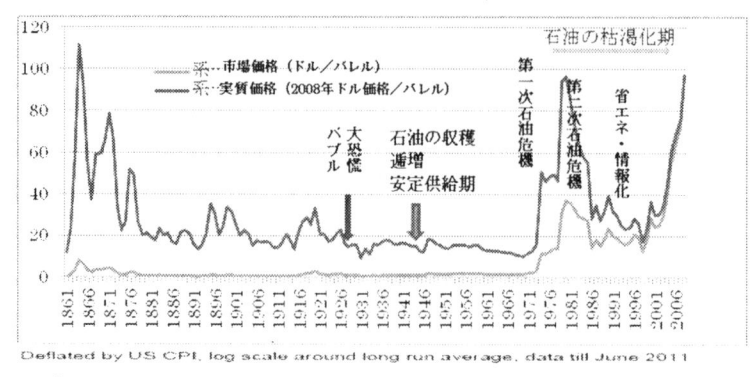

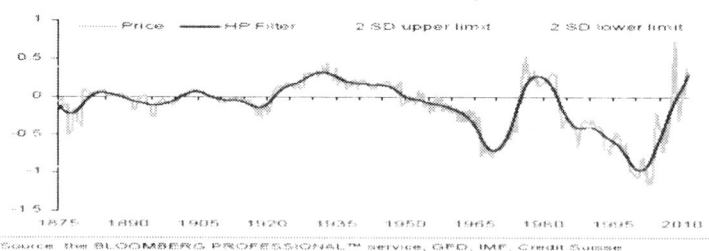

出所：石油の推移はBP長期統計（BP Statistical Review of World Energy, June,20120）より筆者作成。石炭の推移は、Credit Swiss, Long Run Commodity Prices、July,2011. による。

う長期停滞からの脱却と飛躍的な経済発展を促した一大経済変動は、石炭エネルギーの開発とその利用としての蒸気機関の発明に負うものであったと要約される。実際、英国の石炭生産量は、1700年〜1800年に至る間に5倍以上伸びて年間1,500万トンとなり、世界の生産量の8割超を占めるまでに達している。このエネルギーの一大転換と相まった産業革命により英国は世界の工場となり、株式会社制度の考案導入と併せ大規模工業化を推し進めて海上覇権を握り自由貿易と相まった帝国主義を主導していくことになった。そのパックス・ブリタニカの下で、国際金本位制下での経済の自己調整機能と自由主義的国家体

制を主構成要素とする19世紀文明が展開していった（ポランニー、1957）。

2-2. エネルギー転換と大恐慌

　石炭の収穫逓増と安定供給期はほぼ19世紀を通して継続し、パックス・ブリタニカと19世紀経済・文明を支えた。だが、20世紀に入り第一次大戦を経て1920年頃には石炭は収穫逓減に転じその生産もピーク・アウトを迎えることになった。その石炭に代わり台頭してきた新エネルギーが、新興国米国で本格的開発が始まった石油であった。米国は独立戦争、南北戦争、そして欧州が主戦場となった第一次世界大戦を経て急速な工業化が進むとともに、南北戦争の副産物とも言うべき分業と大量生産方式による新生産システムの導入でビッグ・ビジネス化への基礎付けも広がり始めていた（円居、1994）[7]。カーネギーによる鉄の一貫生産システムの確立やフォードのT型自動車に象徴される部品の規格と標準化をベースとする自動車の大量生産方式の導入などがそれである。そのビッグ・ビジネス化を支え得る熱効率の高い新エネルギー石油は、その本格生産と平仄を併せて収穫逓増と安定供給期に入っていった。石炭と石油の実質価格の推移をみれば一目瞭然で、1920年頃を境に石炭の実質価格が急速に上昇に転じたのと対照的に石油（原油）のそれは急速な下落に転じている（図表5-1参照）。

　もっとも、エネルギーの収穫法則に則るなら、産業革命時の木炭から石炭への転換時同様、石油の出現がすぐに経済の中・長期的繁栄波動への転換を促しても良かったはずである。英国の産業革命初期はまだ木炭を主流とし、森林資源の枯渇化による資源制約と価格高騰から経済は停滞していた。それが石炭へのエネルギー転換よって、石炭と蒸気機関に象徴される英国を中心とする世界的な経済発展の長期波動

85

を生起している。だが、経済の一大変動を招いたことに変わりはないとしても、石炭から石油への転換初期においては、1929年に始まる世界的な未曾有の大恐慌という逆の変動を引き起こしている。これは新エネルギーへの転換に伴う経済成長への過度の期待の先行が未曾有のバブルを発生させ、その崩壊による金融恐慌と政策対応の失敗が世界的な規模での経済恐慌を招いたためであった。そして、その未曾有の恐慌からの脱却と長期の経済成長への転換を促し、支えていったのも石油であった。換言すれば、石炭から石油へのエネルギー転換のインパクトは、その転換の舞台とタイミングが新興経済覇権国としての米国の急速な台頭期と重なったことで期待が大きく増幅され、その転換初期に未曾有のバブルの生成と崩壊を引き起こしたことが繁栄とは逆の経済恐慌を引き起こすことになったと言えよう。

　実際、安価な新エネルギー石油の豊富な供給見通しから自動車産業を始めとして製造業が未曾有の活況を呈した。それが株式ブームを招来し、地方銀行とマネーセンター・バンクが増幅した株式ファイナンスの膨張によって未曾有の金融バブルを引き起こした。同時に、米国の生産力の急拡大は輸出の増加を伴って国際金本位制の下で大量の資金流入と低金利を招いていたから、株式や土地投資は一層加速された。だが、その一方で、国内的には自動車や鉄鋼などを筆頭に製造業生産の伸び（成長スピード）は需要の基盤となる人口増加率を遥かに上回っていた。また当時まだ生産人口の3割近くを占めていた農業所得の伸びは大量生産による大規模工業化が進む非農業部門の所得の伸びに引き離され、それが需要としての購買力の伸びを制約し、実物経済の需給ギャップを急速に拡大していた（図表5－2参照）。しかも経済構造は大きく変わっていた。大規模大量生産化は、後にケインズが明らかにしたように、古典派が想定した「需要が供給に適応する」セー法

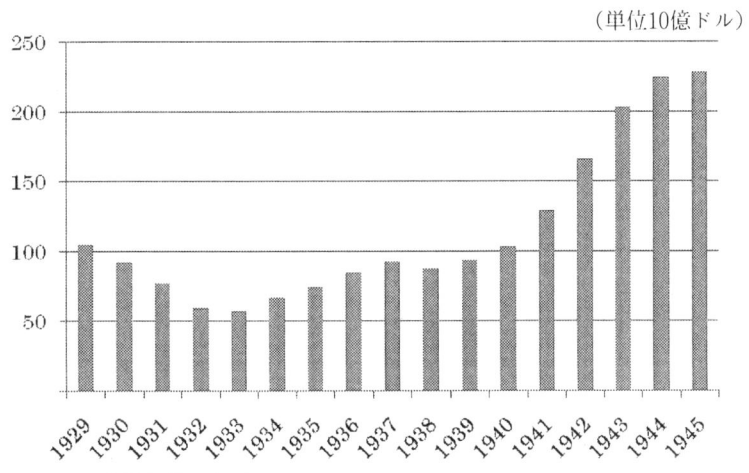

図表5－2　29年大恐慌から戦後までの米国GDP

(単位10億ドル)

注：GDPは市場価格＝名目GDP
出所：U.S. Department of Commerce, GDP historical statisticsより筆者作成。

則が支配する経済構造から「供給が需要に適応する」構造に経済構造を180度転換させていた。大幅な需給ギャップの調整が不可避となっていたと言えよう。この実物市場の需給ギャップの調整によりバブルは崩壊。金融市場が一挙に信用収縮循環に陥り、未曾有の経済恐慌に陥った。

　1929年恐慌はこのように、エネルギー転換による経済の拡大期にありながら米国経済の飛躍期と重なって成長期待が異常に増幅した結果として生じたもので、その調整としての大きな負のインパクトとなったが、それは産業革命時のエネルギー転換同様、エネルギーの長期波動、特にその転換が経済の変動を大きく左右するものであることを示していたことに変わりはない。この負の振幅は政策対応の不味さによっても増幅された結果、瞬く間に世界大での恐慌へと発展した。信用収縮とデフレ循環の渦中にあったにも関わらず、緊縮財政と金融引き

締め策に走る一方、国際金本位制下で大幅な黒字国でありながら米国が金の不胎化政策を採り、デフレ循環の深化による恐慌を世界に伝播していったからである。[9]

　この恐慌とその後の大停滞は、ルーズベルト新大統領によるニューディール政策の導入と戦時経済化に伴う需要の拡大でようやく解消に向かうが、それを支え、戦後の米国の長期経済成長へと繋げていったのも石油であった。転換初期の混乱を経てエネルギー転換の本来の成長効果が経済を長期成長波動に載せてくることになったと見做されよう。この際著名なニューディールが長期成長への転換を主導したとの見方もあるが、1930年代半ば前後の米国の景気展開を少し子細に見れば、同政策は極く短期的な回復しかもたらしておらずその解釈には無理がある。テネシー川渓のダム開発を主体とする同政策は、エネルギーの石油化とともに進展していた動力源としての電力の供給力拡大とそれら地域における農業従事者の所得の改善という意味ではケインズ的需要回復効果を持ったと見られるが、効果は地域的に止まったのが実体であったと言えよう。この間、石油生産は、中東での石油開発の本格化と併せ収穫逓増を続けた。その結果、実質価格は、第2次大戦後の第一次石油ショックまでほぼ20年代半ばの価格水準で推移した（図表5－3参照）。この間、石油を有しなかった日本とドイツの恐慌からの脱却は、実質成長なき戦時インフレの進行に置き換わっただけであった。対して、米国はエネルギーコストの低位安定と豊富な供給による生産性の向上から恐慌後の大停滞を脱して新たな成長局面に入り戦後を迎えている。その恩恵に恵まれなかった日独がインフレ解決しか道がなかった事実からもエネルギーと経済の波動の連動性の高さが読み取れよう。

2−3．石油の枯渇化と戦後の米経済の展開

　石炭に代わり20世紀のエネルギーの主役として台頭した石油は、戦中から戦後の4半世紀にわたり収穫逓増を続け、戦後世界での米経済と米国を圧倒的な地位に押し上げ、アメリカの世紀、パックス・アメリカーナーの確立を促していくことになる。大戦を通して日独ならず戦勝国側となった英仏を含め世界の経済は大きく疲弊したが、米国は戦争経済の中でも物価の上昇は1ケタ台前半に止まり、圧倒的生産力を見せている。その後も、終戦から平時経済への移行時に調整的景気後退こそ見られたもののすぐに回復に向かい、Golden Ageと呼称された繁栄の50年代を経てケネディー政権の60年代前半まで高成長を謳歌していった。その経済力は圧倒的で、旧ソ連・東欧圏を除く西側自由主義経済圏の貿易総額の約3／4を占め、圧倒的な金の保有と併せ、戦後の世界経済の枠組みを規定するガット・IMF体制を整え、パックス・アメリカーナーを揺るぎないものとしていく。米国がリードする自由貿易体制に向けたガット（G.A.T.T.＝関税と貿易に関する一般協定）と金とドルの交換性の保証を軸にドルを国際基軸通貨とした金・ドル固定為替制度に基づく国際通貨体制（その保持と運営機関としてIMF＝国際通貨基金を創設）、そして戦後の復興と途上国の開発支援に向けた国際復興開発銀行（通称、世界銀行）の設立を含む、いわゆる「ブレトンウッズ（協定締結の地に因んだ俗称としてのBretton Woods）」体制がパックス・アメリカーナの骨格を形成して、19世紀を支配したパックス・ブリタニカに代わる20世紀の国際経済・通貨体制と米国の覇権構造が確立されていった。

　だが、石油も石炭同様、その収穫逓増期は約50年を経て終焉に向かう。確認埋蔵量は米国ではすでに1960年代に頭打ちとなり、世界最大の産油国の地位はサウジアラビアに譲った。生産量は1970年に頭打ち

となったが、米国に代わる中東も生産量自体はまだ伸びを維持していたもののその埋蔵量は70年代に入ってピーク・アウトしていく。1973年の第一次石油ショックは、そうした中で新たに中東石油輸出国間で形成されたカルテル機構（石油輸出国機構、OPEC）の下で打ち出された石油価格の大幅引き上げが世界にもたらした一大ショックであった。日欧を含めて非産油国が価格効果と所得効果の両面から大幅な景気の落ち込みに陥るとともに、産油国であっても、自国生産の減少から中東石油依存を高めていた米国も、戦後最も深くかつ長い（15か月超）景気後退を記録することになった。特に米国は60年代後半からのベトナム戦争の拡大による経済への負担の累積が重なったため、戦争の終結にも関わらず平和の配当どころか米国は不況と物価上昇が並走するという既存の経済学では対応しきれない"Stagflation"という状況に陥り、経済の衰退化が進行していくことになる。

　この石油ショックを境に、戦後の国際経済秩序を構成してきたブレトンウッズ体制も崩壊していった。国際通貨体制の要であった金・ドル為替本位制の下での固定相場制は放棄され変動制に代わった。また貿易自由化の推進も、米国自身が保護主義に急旋回することで多国間アプローチとしてのGATTによる自由貿易の推進は大きく後退して行くことになる。[10] 石油生産はその後、北海石油の開発、メキシコやベネズエラ等の中南米産油国での増産を見るも確認可採埋蔵量の枯渇化トレンドに著変はなく、実質価格も第一次、第二次石油ショック（70年代末～80年代始め）による市場（名目）価格の大幅引き上げからの反動下落は見られたものの、その長期上昇トレンドの加速化は変わらなかった。石油エネルギーが収穫逓減局面に入るなかでエネルギー転換がなければその経済成長制約を緩和するのは省エネ化による効率消費となる。だが、米国はこの省エネ化にも日独などに比べ大きく後れ

第5章　エネルギー革命の政治経済学

をとったため、石油価格（実質価格）の上昇とともに生産性の伸びの持続的低下と成長鈍化を続けてきた。石油が戦後から今日までの米経済の景気と成長の波動を規定してきたことは、この間の石油実質価格とGDP成長率でみる経済推移の長期トレンド線を比較すればその相関性の高さは一目瞭然となる。両者はきれいな対称を描いている（図表5－3参照）。また、S. RaphelやA. Shimon等の研究によれば、石油価格変動の米経済への影響も、上げ下げのインパクトは対称的となることを明らかにしており、エネルギー価格変動と経済変動の連動性の高さを計量的にも読み取ることができる（S. Raphael and A. Shimon., 2003）。

第一次石油ショックを境とする石油の枯渇化局面で米国が直接的な

図表5－3　第2次大戦後の石油価格の推移と米国のGDP成長推移

石油が戦後の米経済の波動基調を規定

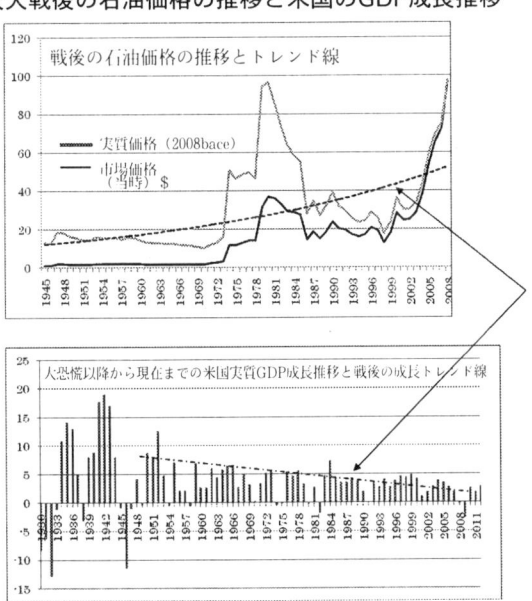

出所：石油価格の推移とトレンド線は図表5－1に同じ。GDP成長率推移は、U.S. Department of Commerce, historical statistics より筆者作成。

省エネ化に後れをとったのは既述の通りだが、80年代後半以降の石油実質価格の推移を少し子細にみると、1998年に至る90年代の大半の時期においてはその価格が長期の上昇トレンド線から大きく下方にかい離、つまり実質価格が大きく低下している（図表5－3参照）。そしてこの時期、米国はクリントン政権下で80年代までの長期低落から脱却し得たかのごとき戦後最長の高成長を記録している。あたかも石油エネルギーが収穫逓増に転じたかの様相であったが、石油の枯渇化局面入りの中で米国の成長制約を大きく緩和し、後のリーマン・ショックに至る金融バブルさえもたらしたのが、「情報化」であった。

　米国が先導した情報化革命が米産業の経営改革と産業・経済の再生に大きく寄与したのは周知のところだ。だが同時に、エネルギーと一見無関係に映りがちであっても、情報化は生産や組織の飛躍的効率化を通じた究極の省エネの体現となった。実際、90年代半ばから後半における米経済の高成長の持続にも関わらず石油価格（市場価格）の上昇は緩やかな伸びに止まっている。そして情報化効果が一巡してきた1998年から急騰に転じている（図表5－3参照）。大きな省エネ効果（実質的なエネルギーの供給増加）をもたらした情報化だが、同時に金融テクノロジーの飛躍的発展も促して未曾有のバブルとその崩壊を引き起こすことにもなった。住宅のバブル化と住宅債権の証券化、その再証券化（CDO）などの金融派生商品取引の膨張を生み、それが金融市場の自己増殖機能と相まって未曾有の世界的バブルを招いたことである。その崩壊はリーマン・ショックに象徴される今日に続く金融危機と世界経済の大停滞を引き起こすことになる。1929年恐慌に匹敵する未曾有の大停滞となったが、この危機は、情報化による省エネがきっかけとなったという意味ではエネルギー転換効果への期待先行を契機とした29年恐慌の展開構図に通じるところがあった。だが、危機後

の環境条件ということでは大きく異なる。今回の世界危機は、石油エネルギーの枯渇化と省エネ効果の一巡化局面でのバブルの生成、崩壊により出現したものであるからだ。石油エネルギーの枯渇化と収穫逓減の加速化局面にあることに変わりはなく、1929年恐慌時のようなエネルギーの大転換期に入っていたわけではない。換言すれば、米国、世界を含めて、石油からのエネルギー転換あるいは新たな石油の出現が無い限り、停滞と危機の継続か、あるいは29年恐慌時の日独の危機脱却策同様、インフレ解決しか道がない状況に置かれたということである。いずれにしても、経済の変動は、その短・中期の景気循環においても、また長期の波動においてもエネルギーの収穫法則と強く連動していることに変わりはない。

3．シェール革命とエネルギー転換

3－1．シェールガス革命の実態と米経済へのインパクト

20世紀のエネルギーの主役を占めてきた石油も21世紀に入ると既述のように枯渇化が進み、可採残存年数は46年程度（2010年BP推計）に落ち込み、価格は持続的に高騰してバーレル単価は100ドル水準を上下する高原状態で推移するようになった。脇役の化石燃料も天然ガスが63年、石炭が119年（同BP推計）と見込まれた中で、既述のようにリーマン・ショック後の世界経済の大停滞からの脱却の糸口すら見いだせない状況に世界は陥った（図表5－4．参照）。2011年3月11日の日本の原子力発電所（福島第一原子力発電所）のシビア・アクシデントはそれに追い打ちをかけた。

20世紀前半における石炭から石油への一次エネルギーの主役交代と併行して、動力源では、その主役が蒸気から電力に転換していった。

図表5-4　エネルギー資源埋蔵量・可採年数と原油及び天然ガス
　　　　　輸入価格の推移

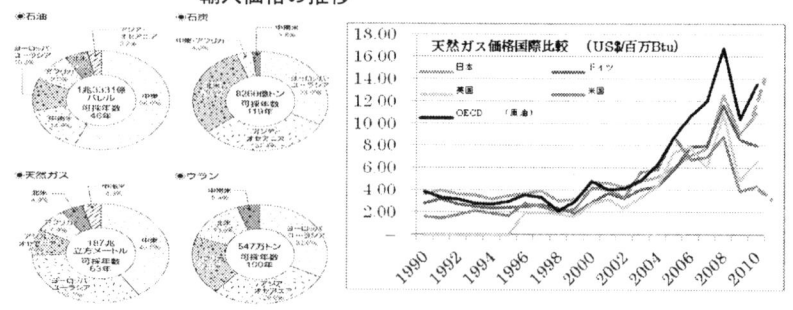

出所：共にデータはBP統計2010、2011。価格の国際比較は原油も百万Btu.
　　　単位として作成。

　その発電の熱源として石油、石炭、天然ガスの化石燃料とともに原子力が活用されて電力の供給増大がなされてきたからだ。世界は、29年恐慌のように新エネルギー石油への転換がすでに始まり、その過度の期待バブルのツケとして陥った恐慌時とは全く異なる状況に置かれたわけだ。だが正に世界がエネルギーのチェック・メイト状況に陥ったこの時期に、新たな天然ガスの大規模採掘が可能になるというエネルギー革命（採掘技術の革新）が出現した。それがシェールガス革命である。

　この非在来型のガスの存在については以前から知られていたが、このガスは、頁岩（けつがん＝Shale）の地層に含まれ井戸型ではなく地層として横に広がって存在するため、そのガスの採掘は商業的には全く引き合わないものであった。その商業化への技術開発を、米国のエネルギーベンチャーが2000年ごろから進めていたが、2000年代半ばごろから実用化され一挙に採掘が進むことになった。水平の抗井と水圧破砕、そして割れ目をモニターするサイスミック技術の組み合わせによるガスの採掘技術の開発がそれである。[12]エネルギー情報の調査・収

第5章　エネルギー革命の政治経済学

集を所轄する米国政府部局である米エネルギー情報管理局（EIA＝Energy Information Administration）が初めてその実体と可能性を広く明らかにしたのは2010年版の年次報告書であった。以来最新の12年版に至るまで、開発はEIA自身の予想を超えるペースで進んできた。そのインパクトはまず天然ガスの市場価格に反映し、米国の電力用天然ガスでみて最近年のピークであった2008年半ばの千立方フィート当り12.41ドルから2010年には1／3、2012年には1／4の単位当たり3ドル前後の水準まで急落している。その後、小浮動はみられたものの米国市場のガス価格は3〜4ドル程度で低位安定的に推移している。この水準までの価格の急落と安定は、それが世界的エネルギー転換を導き得る規模的潜在性を有していることをも示唆していよう。そのシェールガスの埋蔵分布と埋蔵量は図表5－5に示すとおりである。その分布は、北米と中国を中心に欧州、アフリカを含む広範な範囲に広がり、可採埋蔵量は、埋蔵確認地域の埋蔵量推定を行った分のみの合計でも既存の従来型の確認埋蔵量（187兆立方m）に匹敵する187.4兆

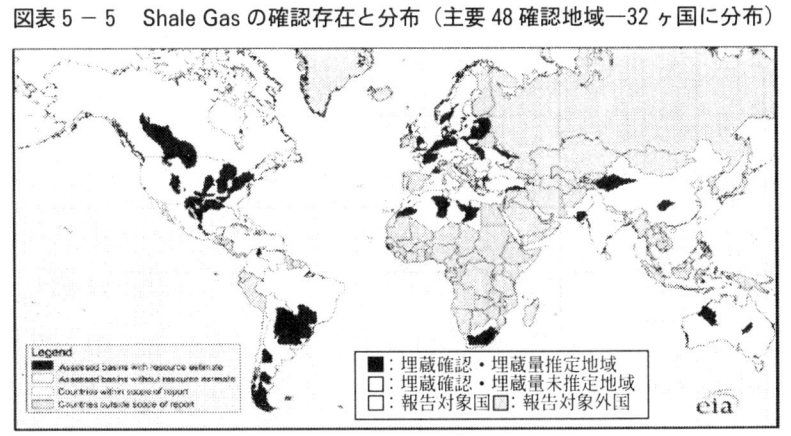

図表5－5　Shale Gasの確認存在と分布（主要48確認地域―32ヶ国に分布）

出所：U.S. Energy Information Administration, World Shale Gas Resources, April 2011.

図表5－6　Shaleガスの可採埋蔵量　　図表5－7　リーマン・ショック後の大停滞

国／地域	可採埋蔵量
北米	54.7　（兆m³）
内　米国	24.4
中国	36.1
欧州	17.7
アフリカ	29.5
世界(36か国)合計 （既存ガス可採 　残存量／残存年）	187.4 (28兆m³/60年)

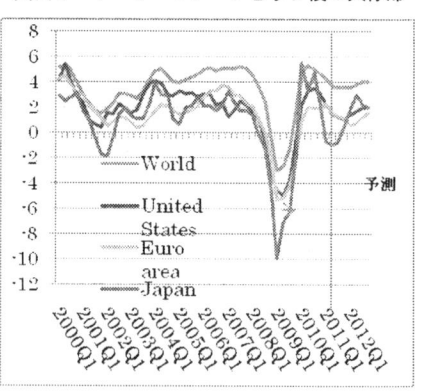

出所：EIA、2011より作成

出所：IMF, World Economic Outlook, 2011. より作成

図表5－8　Shale Gas の米経済押し上げ効果

（億ドル）	2010	2015	2020	2025	2030	2035
GDP	716.8	1184.1	1538.4	1583.4	1768.5	2310.6
税　収	18.6	28.5	37.1	39.0	44.0	57.3
雇用(千人)	601.3	869.7	1123.4	1122.4	1272.8	1660.0

出所：IHS Insight、June, 2012.

筆者試算：2010－2020年累計で8,700億ドル（＝約6％／GDP）

注1．筆者試算は、石油実質価格の変動による米経済の成長変動をベースに独自試算。
注2．試算方法は異なるが、2010年からの10年間でみるとIHSが累積で8200億ドル強の押し上げ効果となり、共に8500億ドル前後の経済効果が見込めることを示唆。

m³に達すると推定されている（EIA,2011）。現状の使用量と既存ガス田の残存年数と量から単純計算すれば天然ガスの残存可採年数は約400年に伸びたことになる。今後の消費のガス化による使用の増大を見込んでも少なくとも100年単位の可採年数となろう。

　しかし、これだけでは世界経済の成長制約の緩和ということは見込まれても、シェールガスが新たな経済の成長波動を呼び起こし得るようなエネルギー転換、あるのはその転換に繋ぎうる規模の新エネルギ

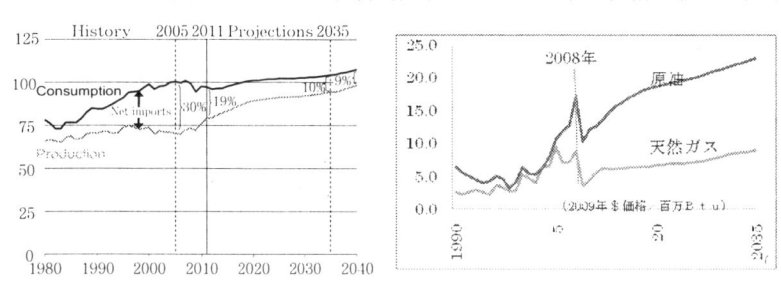

第5章　エネルギー革命の政治経済学

図表5-9　米国のエネルギー海外依存度と天然ガス・石油価格の推移・予測

出所：共にEIA, 2011.

ーとなりうるか否かはもう少し具体的に検証する必要があろう。国際エネルギー機関（IEA＝International Energy Agency）は2011年に「ガス黄金時代（の到来）？」とする特別レポートを同年の『世界エネルギー展望』と併せ公表した。そこでは消費のガス化への展望などが示されている。だが、米国や世界経済への体系的経済効果の推定などは行われていない。米政府も、急速な開発に伴う法整備や可採埋蔵量等の推計の見直し等に追われ、そうした推計の公表には至っていない。採掘が進むシェールガスのマクロ経済効果、その公的ベースで利用可能な推計が未公表だったところから、筆者が独自に2012年1月に行なった試算、および同年6月に米国のトップシンクタンクの1つであるIHS Insightが行った推計を要約して示したのが図表5-8である。推計方法、対象期間は異なるものの、そのGDP押し上げ効果はほぼ同一で、2010年からの10年間で8,500億ドル前後（直近の為替相場換算で約85兆円）、GDPを約6％押し上げる効果が見込まれている。2次的活用となる電力発電源のガス転換による削減効果も、EIAの控えめなガス転換見込みに立脚しても2,400億ドル強の電力コストの削減をもたらすと見込まれる。また米国の貿易赤字の約6割を占める石油輸

入の減少、それを20%程度と控えめにおいても、天然ガス輸出の増加と併せ、米国の国際収支に、例えば2035年には年間800億ドル、現状の赤字の15%に相当する改善効果をもたらすことが見込まれる。加えて、シェールガスの技術革新はそのまま新たな石油であるシェール・オイルの採掘にも使用できるためその採掘の急増から、IEA（国際エネルギー機関）は、2020年代の初めには米国の石油生産量は現在世界最大のサウジアラビアを抜いて約60年ぶりに世界トップに返り咲くことになると見込んでいる。これらを合わせるなら、米国経済の衰退を示す象徴でもあった国際収支の大幅赤字から解放され、石油エネルギーからの成長制約も大きく緩和されて新たな成長期を迎える公算が高いと言えよう。

3－2．シェール革命の国際的インパクトとエネルギー力学構造の変化

　米国へのインパクトにも見るように、シェールガス革命の国際的インパクトは、それが生産国、消費国を問わず世界大で国や地域としてのエネルギー戦略を大きく変えていくことにある。既述のように、経済効果の計量は欠くものの、前記IEAの世界エネルギーの年次展望は、世界大での一次エネルギーの需給、生産見通しを含めたエネルギー展望を提示している。2011年、2012年の同展望をみると、シェールガスに加えてシェール・オイルの開発も米国で進み、世界の一次エネルギーの需給構造が大きく変化していくとともに産出地域構造も大きく変わってくることが示唆されている。2011年の報告ですでにIEAは、①天然ガスの需要が、2035年までに石油と並ぶという石油からガスへの世界レベルでの主役交代が進むこと、②それを賄うに十分な埋蔵量があり、生産能力も増大されていくと見込まれるので長期にわたってガ

ス価格が低位安定していく可能性が高いこと、③道路輸送における天然ガス化の進行、具体的には天然ガス車の増加などからも石油からのガス転換が進み、温室効果ガスの増加抑制にも貢献していくこと、などを報告している。

　2012年展望では、そうした展望の更なる進展見込みに加え、シェール・オイルの同時開発の進行を踏まえた一次エネルギー間の利用構造への影響、それをシェールガスの開発展望と併せ、価格面からの影響を中心に展望している。実際、シェールガスの生産・供給増加と価格の下落は天然ガス市場自体の石油市場からの独立化(独自の価格形成指標の統一化と石油価格に連動したガス価格設定の見直し。取引単位も各国市場マチマチで指標銘柄はなく、熱量換算での原油価格連動を基本としていた)を進め、一次エネルギー市場での石油中心の価格決定構造を根本的に変えつつある。ガス価格の独自形成と取引単位等の統合化は急速に進んでいる。

　また、これと並行して、天然ガス革命は、石炭の需給やその活用にも大きな変化をもたらし始めている。石炭は主役の座からは降りて久しいが、電力発電における熱源としては世界的には依然主役の座にある。日本はガス化が最も進んでいるが、米国や中国などは石炭が最大の熱源であるからだ。この石炭をガスと併せて効率的に活用するコンバインド発電の導入が進んできた。[13] こうした動きから石炭の需要が増加傾向を見せていたが、ガス価格の大幅低下を受けて需要増にも関わらず、石炭価格はむしろ下落している。こうした中で、シェール・オイルの開発拡大によって石油供給が増大してくれば、これら化石燃料間での価格競争とともに、その地理的供給構造や生産サイドと消費サイドのバーゲニング・パワーは更に大きく変わってくることになろう。シェールガス、オイルを含めたシェール革命は、化石燃料は高くつき、

いずれ枯渇するから安定確保にも不安という既存の概念を根本から覆し、世界的にエネルギー戦略とその覇権構造を塗り替えていく影響力を秘めたエネルギー革命であること、エネルギー力学構造へのインパクトを考察する際には、まずこの点を認識しておく必要があろう。地質構造的に見れば、既存の天然ガス田や石油田も頁岩層を中心に散在していたものが染み出して長い年月をかけて一カ所に貯まった場所と見做されるから、その源である頁岩層のシェールガス・オイルの存在規模は大きく、今後調査の拡大につれて可採埋蔵量はさらに上乗せされていくことになろう。

　こうした認識も踏まえ、主要な消費国・地域と生産国・地域への影響と国際力学構造の変化を検討すると次の通りである。まず欧州だが、EUの一次エネルギー需要の約7割が化石燃料であり化石燃料総計の輸入依存度も6割（62.4％）を上回っている（2010年現在、数値はいずれもEurostat）。EUは石油やガスの産出地域である中東、ロシアに近接するという意味では地理的経済環境は恵まれていた。だが、エネルギーの安全保障上からはリスクが高く、特に旧ソビエト連邦時代からソ連にエネルギーの主導権を握られていることがEUの大きなアキレス腱となっていた。直近（2010年）でも石油輸入の32％、天然ガス輸入の40％がロシアからの輸入で占められている。天然ガスは中東からのLNG輸入の拡大など輸入先の多様化を進めてきたことから1990年の75％から大きく低下させた。とはいえ、依然4割を占める一方、石油は、北海油田の枯渇化からイギリス、ノルウェーからの輸入が減じ、対ロ依存は増加傾向をみせていた。こうした状況下でEUは、京都議定書以降の再生可能エネルギーの推進と原子力の更新、新設によるエネルギー戦略を採ってきた。米ブッシュ政権の原発政策と連動しての「原発ルネッサンス」路線への転換、チェルノブイリ事故後の慎重対

第 5 章　エネルギー革命の政治経済学

図表 5 - 10　EU27か国のエネルギー輸入依存度の推移

	1995年	2000年	2005年	2010年
石　　炭	43.2%	46.7%	52.5%	52.7%
石　　油	21.5%	30.4%	39.3%	39.4%
ガ　　ス	74.3%	75.7%	82.3%	84.3%
全種総計	43.5%	48.9%	57.7%	62.4%

出所：Eurostat, April 2012より作成

応からの転換もそうした事情を反映したものであった。

　だが、福島第一原発の苛酷事故を受け、原発推進路線は再度、抜本的見直しを迫られた。ドイツを中心に再生可能エネルギーの普及は大きく進み、2010年ですでに発電源としてはEU平均で全体の3割弱と原子力の3割強にほぼ匹敵するまでに達していた。それでも原子力の代替には化石燃料の大幅輸入が必至となる。安定供給というエネルギー安全保障はその分大きく損なわれるとともに価格交渉力も大きく低下せざるを得ない。福島事故をEUは当事国の日本以上に深刻に受け止めたが、脱原発への選択はエネルギーの安全保障を大きく脅かしかねなかった。そんな状況下で世界に先駆けて完全な脱原発への選択にドイツが踏切り、イタリアやスイスなど他の近隣諸国も脱原発への選択を進めたその決定的要因となったのもシェールガス革命であった。[14]
この新しい非在来型のガスエネルギーは従来の産油・産ガス地域とは異なる地域に分布しており、EU域内でもポーランドを中心にノルウェーを含めると確認ベースでも17.7兆立方mの埋蔵と推定されており、EUの全ガス消費量の約30年分に相当する。その開発は、EUの技術蓄積が十分でないことや環境基準が米国より厳しいこともあって、世界的なガス価格の大幅下落の状況下では開発は北米に比べ大きく遅れている。

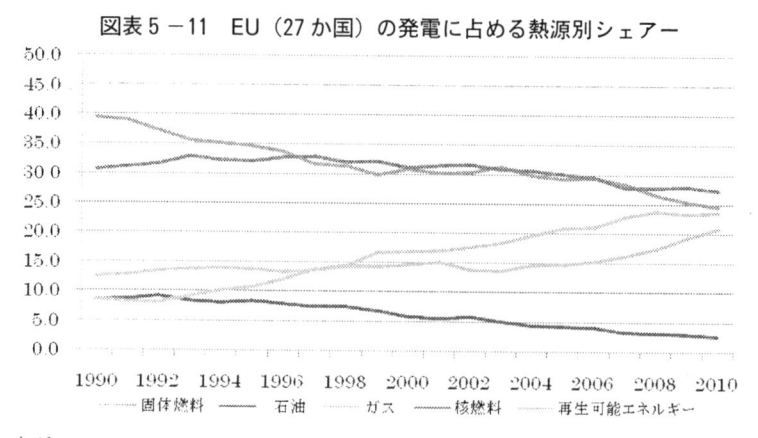

図表5−11　EU（27か国）の発電に占める熱源別シェアー

出所：Eurostat, Apr. 2012より作成

　しかし、EUにとっては、その開発以上にシェールガス革命の恩恵はガス価格の大幅低下と購入に関わるバーゲニング・パワーの転換を通じてもたらされたといえる。自前のエネルギーとなる再生可能エネルギーの更なる開発、普及への時間的余裕の出現、天然ガス市場の売り手から買い手市場への転換による低価格安定調達見込みと輸入先の多様化による供給安全保障の確保などが可能となったからだ。対ロエネルギー依存と言う安全保障上の最大の弱点を払拭していくことが現実的戦略として描けるようになった。ドイツのメルケル政権が原発を推進してきたのも、逆に脱原発に一挙に踏み切れたのも、シェールガスのインパクトによる市場とエネルギーの安全保障の構図の激変に負っていたと言えよう。化石燃料の中では最もCO_2排出量の少ない天然ガスの安定確保を軸に、比較的豊富な石炭をガスとの組み合わせで効率的に活用し、CO_2排出抑制と熱効率の向上を図り得る。EUが掲げるCO_2抑制目標にそってエネルギー自立化への道がシェールガス革命でひらかれたこと、それが大胆と言われたメルケル政権の決断を

可能とし、国民も広く受け入れることになった最大の理由であったと言えよう。合理的で現実性が高い故に、イタリア、スイスを筆頭に脱原発が広がり、原発大国のフランスさえ慎重姿勢に転じることになった。そしてEUのエネルギー共通政策におけるドイツの影響力も高まり、再生可能エネルギーでは、大量の安定的な発電が可能な海上風力を主体に一層の供給力の強化とコストの引き下げが図られつつある。共通政策は、EUの政府に相当するEU委員会が担うが、その基本理念はドイツのエネルギー基本戦略理念と驚くほど一致している。その理念、EU経済の競争力の向上、エネルギーと経済社会の持続性（低酸素化）、そして供給の安定確保（安全保障）の下で「エネルギー2020……2020年欧州エネルギー戦略」や脱炭素化による経済ロードマップ「エネルギー・ロードマップ2050」、「汎欧州エネルギーネットワークの構築に向けた投資計画案」などの具体的エネルギー戦略に沿ってEUのエネルギー自立化に向けた歩みが進んでいくことになろう。

　EUとロシアのエネルギー力学の変化は他地域への波及を含めて、世界のエネルギー力学構造にも大きな変化をもたらし始めた。旧ソ連・ロシアは欧州へのガス、石油の安定供給は守ってきたとはいえ、圧倒的な優位さで「言い値」の長期契約を結んできた。極端な事態のケースではいつでもパイプラインを閉鎖できたからである。そうでなくても09年のロシアとグルジアの紛争の際のように、そのパイプラインが通る地域での紛争等による遮断のリスクもEUは常に抱えていた[15]。しかし、シェールガスの影響によって状況は大きく変わった。バーゲニング・パワーは売り手から買い手に移った。そうなるとパイプラインの維持自体も売り手がよりその維持に努めるようにならざるを得ない。またEUの調達先の多様化はロシアにとっては市場の縮小となる。そのため、ロシアは日中韓を主眼に極東アジア市場の開拓に動き始めた。

アジア市場は、石油もさることながら天然ガスに関してはその液化と専用船での運送のコストを除いても世界の主要消費地で極めて高い価格で取引されていること、そして中国、インドを含めてアジア全体が世界最大の成長地域となったからである。特に日本の電力会社が天然ガスの安定確保の名目で世界価格を常に大きく上回る仕組みの価格公式で長期契約を結んできた。日本の電力会社は最大の購入者であり、それに日本のガス会社も、そして韓国等も追随せざるをえない状況を続け、「Japan Premium」と供給国からは歓迎されてきた。ロシアにとって、日本の原発事故による火力代替需要に加え、成長地域のアジア市場への進出は不可欠となった。日本への輸出拡大を目指したLNG基地の建設と設備拡大、さらには中韓に加え日本へのパイプライン敷設の計画の検討にも入っている。米国におけるシェールガス開発の本格化に伴いエネルギー市場はSupply PowerからBuying Powerへと急速に構造転換が進み始め、エネルギーの国際力学も世界大で地殻変動を起こしている。その構造変化は次のように要約されよう。

　まず米国の国際関係における力の拡大である。シェールガス革命に始まるシェール層エネルギー採掘の商業化の奏功によりエネルギー力学構図が変わり、相対的にも構造的にもその力が大きく拡大したことである。それは供給と需要（消費）の両市場におけるバーゲニング・パワーの変化によってもたらされた。世界最大の石油、ガスの消費・輸入国である米国、特に主エネルギー源の石油の海外依存を貿易収支赤字に占めるシェアで見ると、2000年代半ば頃までの20〜30%から2000年代後半以降は50%〜60%に急増し、今日に至っている。これが自国産天然ガスに入れ替わりつつ天然ガスの輸出も本格化してくる。同時にシェール・オイルの急速な開発も進み、2020年代前半にはサウ

第5章　エネルギー革命の政治経済学

ジアラビアを抜いて約60年ぶりに世界トップの産油国に返り咲く見通しである（IEA、2012）。

　天然ガス革命は世界的にもすでに広がりつつあるが、シェール・オイルの展開見込みも含めると、従来の産油、産ガス輸出国にとっては米国の自足化によってガス市場は言うまでもなく石油市場も縮小となる。特に天然ガスは価格下落が（ここ数年で1／3レベルまで）急速に進んだことから、量と価格両面から市場の規模が縮小し、かつその下で市場支配力が低下することになった。石油OPEC、ガスOPEC、ロシアのエネルギー市場の支配力と政治力学は構造的に後退していかざ

図表5－12　米国の主要原油輸入先と輸入量

（輸入額：百万ドル　輸入量：百万バレル）

輸入国	額US$	数量 2008年	額US$	数量 2009年	額US$	数量 2010年
世界計	353,537	3716	194,603	3428	260,128	3482
OPEC計	205,687	2117	99,701	1740	135,950	1785
Canada	62,951	686	37,067	681	49,554	696
Saudi Arabia	53,223	546	21,002	373	29,981	395
Mexico	37,154	419	22,206	386	29,423	409
Venezuela	43,734	475	24,619	445	29,090	407
Nigeria	35,945	345	18,288	282	29,069	362
Iraq	21,710	224	9,128	165	12,126	160
Angola	18,548	185	9,017	163	11,514	147
Algeria	15,118	153	7,878	133	10,856	137
Colombia	5,897	63	5,153	90	8,833	120
Russia	4,957	47	4,884	82	7,480	96
Brazil	7,851	86	5,801	106	7,259	95
Ecuador	7,102	80	3,438	66	5,578	75
Kuwait	6,631	74	3,654	65	5,152	69

出所：Congressional Research Service、原Data、U.S. Department of Commerce

るを得なくなった。天然ガス市場は、ロシア、イラン、ベネズエラが供給市場を支配してきた。それらの支配シェアは2040年には世界の33％を占めるに至ると見られていたが、ガス需要の拡大を見込んでもシェールガスの台頭でそのシェアは26％程度まで低下すると見込まれている（Baker 財団、2011年）。世界的なガスの生産増大と価格低下に伴うEUの輸入シフトからEUのロシア・ガスの輸入比率は2009年の27％から2040年には13％まで縮小すると見られている（同財団）。世界のエネルギー供給地域として君臨してきた中東も、天然ガスにおける米国向けLNG市場の喪失に加え、石油からガス化への世界的なシフトとシェール・オイルの開発と生産加速化見込みから地域内の力学構図と国際的地政学構造の大きな変化に直面していくことになろう。

例えば、石油とガスを人質にしたエネルギー外交を柱とするイランの外交力と中東地域内での覇権の強化は頓挫しつつある。エネルギー確保を巡る米中の地政学的、商業的競合も、米国の中東依存の低下から競合へのインセンティブが後退し、両国の政治・外交における中東の重要性は低下してきた。こうした世界的なエネルギー市場の構造変化とエネルギー覇権構図の変化は、今後の国際関係の基本構図をも大きく変えていくことになろう。

中東を巡るエネルギーの地政学が戦後の米国外交・対外戦略の要に置かれ、それが国際関係の基本構図をも提示してきた。イラン革命、イラクのクーデター、イラン―イラク戦争などに象徴される米外交の軌跡の根底にあったのは、親米のサウジアラビアを軸に、中東の主要大国イランとイラクの軍事バランスを図り、中東の資源確保とエネルギーのバーゲニング・パワーを保持して行くということであった。その後の湾岸戦争、イラク戦争を含めて直近までこの戦後一貫した外交戦略に変化はなかった。だが、自国のエネルギー自給化が大きく見込

めることになったことで、中東の重要性は低下してきた。EU、ロシア、中国にとっても同様である。シェールガス革命はこの2年程度で急速に本格化したものであり、この意味でも今後のシェール・オイルの開発を含めるとシェール革命は始まったばかりである。シェールガス革命は確かに革命と言えるだけの規模的インパクトを有している。だが、エネルギー転換の長期波動という文脈では緒についたばかりである。それでもこのエネルギーの供給構造の変化が国際関係の構図をすでに大きく変え始めている。

　エネルギーの大きな転換はそれだけ大きな衝撃を持つということだが、今回のエネルギー転換に関しては、さらに重要な点を看過してはならない。それはシェール革命がエネルギー枯渇化を回避させつつ、人類にとって全く新しいエネルギー循環への移行を促す橋渡し役が同時に見込まれるということである。具体的には、石炭、石油、ガスを含め化石燃料という炭素循環型のエネルギー使用の世界から、燃料電池車など燃料電池を軸とする水素循環型のエネルギー使用の世界への移行である。石油資源の枯渇化と化石燃料によるCO_2排出や地球温暖化問題から、太陽光、風力、地熱などの再生可能エネルギーの開発、普及が進んできたのは広く知られている。だがこれらで一次エネルギーの大半を賄って行くのはコスト的にも物理的にも限界がある。燃料電池は、水素と空気中の酸素を結合させ、それによって水ができる際に大量の熱が発生する。その熱で電気を作る仕組みだ。それをエンジンとする燃料電池車はすでにホンダやトヨタなど日本の自動車メーカーでは世界に先行して実用化段階に入っている。コスト面での量産化問題や普及に向けた水素ステーションなどの社会インフラ整備などの課題を残しているが、シェールガス革命はそのスムーズな移行を促すという重要な役割も果たし得る。水素は海水、大気中に豊富に存在す

るのは周知のところだが、その抽出コストが大きな課題の1つにある。当然天然ガスにも含まれている。燃料としての天然ガスはブタン・ガスの燃焼によるからそこから水素を採り活用することが可能だ。それを利用した燃料電池はすでにエコ・キュートなどの名称などで日本のガス会社が家庭用に販売している。配管を流れるガスから水素を採り燃料電池に使って水ができる際の熱で電気を起こし、また給湯にも活用する。水素を使った後のガスは従来通りのガス燃料として使う仕組みである。燃料電池システムではCO_2は一切排出されない。自動車であれば、出てくるのは排気ガスではなく、純粋な水となる。

　自動車や産業用電力の発電源などの産業ベースでの普及には、水素にはその揮発可燃性の高さから収納容器の高度な密閉性と堅牢性が求められる。だが、それはコストと実用普及に不可欠な軽量化とは相矛盾するから、この技術的克服が大きな課題となる。それが克服されていけば、水素と燃料電池システムの組み合わせは、蓄電が難しい電気の新しい蓄電システムにもなる。太陽光や風力などの再生可能エネルギーにおける経済性最大の難点は出力の不安定性にあるが、余剰な電力で水素を作り水素として蓄え必要な際に燃料電池で電気を起こしていくならその欠陥は克服される。さらに一般に、電気そのものを効率的に蓄電する技術は困難で蓄電システムは容量的に限界がありコストも高くつく。水素で蓄えるなら蓄電池は不要となり、社会的にも高い負担を避けることができる。

　温室効果ガスも一切出さない水素循環は理想のエネルギー循環だが、その移行にはまだ課題もあり、さらに世界的普及にはまだまだ時間を要する。シェールエネルギー革命は、この決定的な水素循環社会への移行に繋がる期間のエネルギー需要を支え、技術開発を含めた基盤整理への時間的、経済的猶予をもたらすエネルギー革命でもある。エネ

ルギー長期波動の文脈からは、シェールガス革命は、そうした連続的エネルギー転換へのトリガーと橋渡し役を果たし得る側面も有した革命と言えよう。そうなれば、エネルギーの収穫逓増が長期にわたりもたらされる可能性もある。その転換への進展は、同時に資源の賦存状況よりも技術力が将来的なエネルギー覇権を左右する最重要要因にさせていくことになろう。さすれば、国際関係の構図も、エネルギー資源の地理的賦存に大きく左右される構図からエネルギー技術が左右する構図へと変質してことにもなろう。今回のシェール革命の進行に伴う連続的エネルギー転換の始まりには、こうした先行き展開が見込まれることも視野に入れて今後のエネルギーと国際関係の構造変化を観察していく必要があろう。

4．エネルギー転換の更なる展開と日本の資源外交への示唆

　最後に、進行中のエネルギー転換、シェールガス革命の日本への影響と今後の展開を見据えた日本の資源外交への若干の示唆を見ておくこととしたい。3.11福島原子力発電所の苛酷事故に遭遇して日本はそのエネルギー体制のもろさと多くの構造的問題を露呈した。一次エネルギー、二次エネルギーともにその熱源は化石燃料の海外依存という状況が戦後の石炭から石油へのシフト以来継続してきた。第一次オイルショック時には、国際収支もまだ黒字定着の状況にまでは至っていなかったため、石油代金の支払い急増から国際収支は大幅な赤字に陥り、サウジアラビアから2回にわたり緊急融資と石油の供給を仰ぐ状況であった。[16] 商業原子力発電の運転開始は正にこの時期にあたり、夢のエネルギーとしてその導入が急がれた結果であった。だが、原発

のリスクや社会コストの問題はさておいても、その原発の熱源資源としてのウランは100％海外に依存する。使用済み燃料の再処理と再活用が進まない限り、石油やガス同様、エネルギー供給の安全保障に直結するものではなかった。実際、核燃料サイクルは多大な時間と費用をかけながら未だその稼働の目途もたっていない。その原発が福島事故直前では全電力供給の3割弱に達しており、火力以外の再生可能エネルギーは既存の水力を含めても一割にも満たない状況下であった（図表5－14参照）。石油の世界的な枯渇化による価格高騰、石油連動の天然ガス輸入価格、そうした中での原発事故は日本を第一次石油ショック以上の厳しいエネルギー状況下に置くこととなった。

　シェールガス革命は、日本が未曾有のエネルギー危機に直面した正にこの時に急台頭した。価格効果のみではない。供給の安定化をEU同様輸入先の多様化を軸に図って行ける環境が突然にもたらされた。天恵とも言えるこの天然ガス革命は、更に日本のエネルギー転換への技術的、時間的余裕をもたらした点でも重要である。幸い、日本の火力発電の主流は石油からガスに移っている。ガスに次ぐ石炭の活用を含め、熱効率技術水準も世界で最も高いレベルにある。そのガスの国際価格は急落後低位安定して推移している。国内事情から天然ガス革命の効果は潜在的なものに止まっているが、価格下落の効果だけでも非常に大きい。潜在的に止まっているのは、電力の地域独占体制と電力価格の特殊な設定方式（＝総括原価方式）のためだが、国内的問題であり、EUのように電力の自由化を進めれば効果をフルに享受できる。総括原価方式を前提としたガス輸入契約の見直しを進めるだけでも図表5－15に示すように兆円単位の恩恵を毎年もたらすことになる。また原発を火力で十分代替しうる設備を有しているから、並行してその更新・最新化を進めれば熱効率は一層高まる。原発のコスト論議、

第5章　エネルギー革命の政治経済学

安価神話は安全神話とともに全くの虚構であったことは今や明らかだが、そのリスク負担や政府支援などの社会コストを含めれば原発の経済合理性は全く成立しない。その試算前提を含むコスト比較は図表5－13の通りである。経済学や経済分析の素養があれば原発はあまりにコスト高で、そのビジネスモデルは成立しないことは容易にわかる。

戦後1960年代の高度成長期に石炭から石油への転換を迎えた後の今日まで、日本のエネルギー戦略は海外エネルギー資源の安定確保を第一に価格よりも長期的安定確保を主眼にしてきた。同時に安定確保リスクを補う切り札として原発を位置づけ、その推進が図られてきた。

図表5－13. 日本の電源別発電コスト（1kW時当たり、—は試算せず）

	原子力	（うち社会的費用）	火力	一般水力
政府2004年	5.9円	—— （含めず）	石　炭　5.7円 LNG　6.2円	11.9円
政府2011年	8.9円以上	1.6円以上	石　炭　9.5～9.7円 LNG　10.7～11.1円	10.6円
大島堅一 立命館大教授	10.25円	1.72円 （政策支援費）	9.91円	3.91円
日本エネルギー 経済研究所	7.2円	—— （含めず）	10.2円	——
地球環境産業技 術研究機構	5.7～8.6円	0.8円	石　炭　6.0～9.1円 LNG　8.1～14.5円	——
日本経済研究セ ンター	約23円	約16円	——	——
円居総一 日本大教授	24.5円	17.2円	10.7円	——

注：1. 社会的費用は、発電設備や維持、技術支援等の政策的支援費及び事故対策費等の社会的負担費用。2. 日経センターは事故対策費を事故保険方式で、円居は福島事故規模の被害推計試算をベースに割引現在価値方式で試算。
出所：共同通信　柳沼勇弥編集委員取り纏め配信記事。

図表5-14　日本の電源別発電構成—実績と設備構成比（2010年時）

設備構成（％）	新エネ 0.2	原子力 20.2	石油 19.1	LNG 25.5	石炭 15.7	水力 8.6
実績構成（％）	1.1	29.2	7.6	29.4	24.3	7.3

出所：エネルギー白書2011。及び電気事業連合会統計資料。

図表5-15　Shale Gas革命の日本への直接潜在効果（筆者試算）

- ＬＮＧ輸入量2011年、7,860万トン
  足元輸入価格18＄/百万Btu.（2012年12月）。
  1ドル＝80円として、百万Btu当りの単価1＄低下につき、日本全体で3250億円の費用節約。

- 米国の天然ガス国内価格は3＄〜4＄/百万Btu。日本の輸入価格は輸送のための液化費用と運送費が併せ約4＄/百万Btu. 必要。削減効果をみるには米国価格をベースにしても日本の輸入価格は7〜8＄/Btu。
  現実的には、韓国の米国からの輸入契約価格（10＄弱）を指標として輸入単価10＄/百万Btu程度が妥当輸入価格。

- 単価10＄/百万Btuで現行との価格差＝8＄/百万Btu
  潜在経済効果（日本の国富の流出回避効果）：3,250 x 8＝2兆6000億円（年間）
- 電力では、電力用ガスは全輸入量の2/3
  26000億円 x 2/3＝1兆7330億円（東京電力はその1/3＝5780億円の削減効果）

　それは選択の限られた中での状況追随の色彩が強く、国家としての体系的エネルギー戦略は事実上提示されて来なかった。エネルギーの担い手であった石油会社やガス会社あるいは電力会社がその経営上から個々に企画、対応していく、その業界の調整役を国が担ってきたに過ぎず、それらを体系的にリードしていくエネルギー戦略や外交戦略はなきに等しいものであった。

　だが、3.11福島事故の勃発と国際的なシェールガス革命の出現で、状況は劇的に変化した。原子力を自前の基幹エネルギー源として位置付け保持して行く合理性が無くなる一方、十分な設備余力を持った火

力は、その主熱源である天然ガスが豊富な供給と価格の低位安定が長期に見込めるようになった。ガス革命の影響を受けて、コストの安い石炭もその価格がさらに低下してきた。

　加えて、シェールガス革命は安定確保への環境も大きく変えてきた。同ガスは、従来型ガスの存在地域と異なる地域に広く分布し、米国に次ぎカナダでも開発が進んでいる。従来型のガスにおいても、ロシアが欧州とのバーゲニング・パワーの低下と販路の拡大のため日本への供給に動き始めた。また日本への最大のガス供給国であるカタールが米国向けに急いでいた大型のLNG液化設備が完成と同時にシェールガス革命で対米輸出が幻となり、欧州や日本向けへの振替えを図る動きも出てきた。エネルギー供給の安全保障は食料の供給安全保障に変わらない。自給率を高めるか、大半を輸入に頼らざるを得ない場合は、調達先の分散化を図ることが基本となる。それは交渉におけるバーゲニング・パワーを高めることにもなるが、そうした戦略転換を実現し得る環境が出現したわけだ。

　外交戦略となると、とかく狭義の安全保障、軍事的視点に陥りがちになるが、経済・社会の生存・維持に深く関わるエネルギーや金融と貿易など経済的視点を欠いては意味がない。第二次大戦も、経済のブロック化と為替切り下げ競争、そして石油を巡る争いであったことを忘れてはならない。特に日本の最終的な戦争への決断は開戦時に石油備蓄が２年程度に過ぎなかったことにあった。当時の２年分は現在のわずか数日分に過ぎないが、そのために全体的には慎重勢力であった海軍が開戦へと舵を切り、多大な犠牲をもたらすことになった。エネルギーの安全保障とその外交は軍事にも増して重要と言えるが、国としての総合的エネルギー戦略がなければ戦略的外交は成り立たない。原子力は管理技術的にもコスト的にもビジネスモデルや社会システム

モデルとして成り立たないことは福島原発の苛酷事故が自ら実証した。自前再生エネルギーとして期待される太陽光や風力、地熱は重要だが、原子力の代替にはほど遠い状況にある。太陽光が相対的に先行しているが、陸上風力を含めて、それらの普及度とコストの問題に加えて生産（出力）の安定性という大きな問題も抱えている。この現状でのエネルギー・ポートフォリオ（エネルギー・ミックスという語がよく使われるが、単なるミックスでは何の意味もない）を現実的に考えるなら、設備的に代替力を十分備え、原子力や再生エネルギーよりもコストが安い火力を主体として再生可能エネルギーでその補完を図って行くのが現実的でベストな選択となろう。その補完としての再生エネルギーの開発も、ドイツのようにその主軸を大型海上風力に置き進めていくような選択を進めていくべきであろうし、地域的電力供給には、水資源に恵まれ技術が進んだ小型水力を活用するエネルギー・ポートフォリオを考えていくべきであろう。いずれにしても、シェールガス革命によって世界は新しいエネルギーへの転換期に入った。しかも、その恩恵は消費国である日本にとっても中長期的に価格面でも数量的にもエネルギーの安定確保、エネルギーの安全保障を担保する状況をもたらした。まず天然ガスの輸入先多様化を基本に、資源外交の練り直しと戦略の体系化を急ぎ進めていく必要があろう。

　言うまでもなく、電力エネルギーは2次エネルギーであり、自動車や製鉄、精錬、家庭用に於いては一次エネルギーとして大量の石油やガスが直接消費される。こうした側面では、省エネ技術を含む技術の発展を視野にいれた長期のエネルギー戦略の検討も必要だろう。省エネ自体がエネルギーの収穫法則を改善する。さらに燃料電池車や家庭用燃料電池の実用化が進み始めたが、これらはこれまでの炭素循環型社会から全くクリーンな水素循環型社会への転換を促す画期的技術の

進歩である。水素は無限にあるから海水や大気中から生産し得る自前のエネルギー源となる。家庭用燃料電池のように天然ガスからそのまま取り出して活用もできる。日本は、この燃料電池システムで世界最先端を走っている。米国を先頭に世界的には自動車のガス化の普及が予測されているが、日本は燃料電池車で世界に先駆けその普及を進めていくことも可能だ。体系的戦略の下でそれらを進めることが日本のエネルギー外交のバーゲニング・パワーを高め、一層のエネルギー安全保障を実現して行くことにもなる。世界的なエネルギー転換の長期波動と技術展開を見据えたエネルギーのポートフォリオ戦略を策定し、それに沿った戦略的資源外交を進めていくことが求められよう。

注

1) Strange 教授の多数の著作の中でも*STATE AND MARKET : An Introduction to Political Economy*（1988）（西川潤・佐藤元彦訳『国際政治経済学入門—国家と市場』東洋経済新報社1994年）プロローグにそのアプローチ枠組みが明確に示されている。

2) 第2次大戦後の国際体制とその管理の変遷は例えば、John E. Spero, *THE POLITICS OF INTERNATIONAL ECONOMIC RELATIONS*, St. Martin's Press, Inc. 1985 参照。Speroは国際経済関係に焦点を当て戦後の国際管理体制の変遷と問題点を3つのサブ・システムの分析を通して新しい国際経済秩序の行方を探った。一方、Dani Rodorikは、戦後のブレトン・ウッズ体制のシステムとしての特質を軸に世界管理体制の類型化と市場と国家の関係の変遷を明らかにして今日のグローバライゼーションのパラドックスを提示している。Dodorik, D.(2011), *The Globalization Paradox*, Oxford University Press. 参照。

3) 冷戦後の世界を、例えば.フランシス・フクヤマは、その話題作『歴史の終わり』（原題：The End of History and the Last Man）（1992年、三笠書房）で、冷戦終結を踏まえて、国際社会では自由経済と民主主義が最終的勝利を収め、イデオロギー対立は終わって、この政治体制を覆すような戦争やクーデターはもはや生じない時代に入った。21世紀は、この安定的だが退屈で平和な時代になる、と予言した。しかし、テロの多発や地域紛争の激化の

ほか、国際社会は経済のグローバル化の加速的進行の下で自由経済の行き過ぎがさまざまな構造問題を生起させて、とても「平和で退屈」な時代とはなっていない。

4） Anglo Saxon金融モデルについてはMarcello de Cecco, "FINACIAL INNOVATIONS AND MONETARY THEORY", De Cecco ed. *Changing Money* (1987) Chap.1.Blackwell, London.参照。また、Ben Cliftは、1990年代以降の金融革新と金融市場の構造的再編を単純な'global convergence'というより、Anglo Saxon modelと各国の市場システムとのハイブリッド化, 'hybridisation'として捉え、金融のグローバル化とその管理体制の課題を明らかにしている。Clift, B. (2007) 'French Corporate Governance in the New Global Economy: Mechanisms of Change and Hybridization within Models of Capitalism', Political Studies, Vol.55, No. 3, pp.1-43

5）例えば、米国でのシェールガス開発では、すでに住友商事の出資参加を先頭に、三菱商事、三井物産、伊藤忠商事、丸紅が、テキサス州、ペンシルバニア州、オクラホマ州で権益を取得している（日本経済新聞、3月18日、2013）。開発と米経済への影響については、円居総一、「シェールガスの活用が日本と世界経済を蘇らせる」、『エコノミスト』2012年2月7日号参照。

6）コンドラチェフは、第一波動を1780〜1842年とし、それを綿業を中心とする産業革命期、第2の波動を1842〜1897年の蒸気機関と鉄鋼の時代、1897年から始まる第3の波動を電気、化学、自動車の時代として経済の長期波動を説明しようとした。『体系　経済学辞典』第6版、東洋経済新報社1984年、p.495参照。

7）円居総一（1994）「産業と経営」、川辺信雄・原輝史編『アメリカの経済』第3章、早稲田大学出版部1994年. pp.56-59参照。

8）森嶋道夫（1994年）、『思想としての経済学』、岩波書店（岩波新書）1994年. pp.226-238参照。

9）国際金本位制の下で、圧倒的な経常収支黒字国であった米国が金の不胎化政策を採ったため世界はカネ詰まりとなり、金本位制のゲームのルールが働かず恐慌は瞬く間に世界に波及していった。その破綻のメカニズムの検証については、例えば、Ben Bernanke and Harold James (1991), "The Gold Standard, Deflation, and Financial Crisis in the Great Depression: An International Comparison", R. Glenn Hubbard eds. *Financial Markets and Financial Crisis,* The University of Chicago Press 1991. pp.33-46. 参照。

第5章　エネルギー革命の政治経済学

10) 米国の貿易政策の変遷については、打込茂子（1994年）「国際収支分析の視点」、東京銀行調査部（円居総一編）『国際収支の経済学』、有斐閣　1994年、pp.236-254参照。
11) 危機波及の実態の詳細は、国際決済銀行（BIS）第79次年次報告書、BIS 79th Annual Report,' I. Rescue, recovery, reform", Bank for International Settlements, Basel, 2009.参照。
12) シェールガスの採掘商業化を開発したのはエネルギーベンチャーのJorge Michel 氏であるが、その「水圧破砕法」は柔らかい頁岩（シェール）層に水圧で亀裂を作りガスを採取する方法。これに対象位置をマイクロサイミックという電波による観測技術を組み合わせて採掘の効率化が図られている。大量の水とともに、亀裂を広げるために特殊な薬品が細かい砂と一緒に使われるなどから一部に環境への影響を強く懸念する声もある。ただ、MITの環境への影響調査では、大資本の参入と環境配慮から大きな懸念はないことが報告され、米国での開発は急速に広がった。また天然ガスも石油も、従来の油田やガス田は、そこより下にあるシェール層から滲み出したガスや石油が蓄積したものと推測されているから、いわばその源泉からの採取となり、エネルギー革命を引き起こすに十分な規模となるのは必然的でもある。
13) コンバインド発電は、その代表例として川崎天然ガス発電が採用する「排熱回収式コンバインドサイクル」による発電がある。天然ガスを燃やし、ガスタービンを回転させて発電するとともに、その排ガスの熱を利用して高温、高圧の蒸気を作り、蒸気タービンを回して追加発電する。これにより通常の40%強の発電効率を58%まで引き上げている。円居総一（2011）、『原発に頼らなくても日本は成長できる－エネルギー大転換の経済学』、ダイヤモンド社. p.199。
14) ドイツ、メルケル政権の脱原発への決断も、福島苛酷事故のショックに加えて電力エネルギーの担保の見通しがシェールガス革命によるエネルギーの対外環境の好転で立ったことにあった。天然ガス市場が売り手市場から買い手市場に大きく構造転換することになった上に、開発に乗り出すか否かは別にしてドイツ国内を含めてシェールガス層がEU域内にも広く存在することが確認されたからである。
15) EUは石油、ガスの多くをロシアからのパイプラインによる輸入に依存してきたが、パイプライン通過国とロシアの紛争や戦争がたびたびEUのエネルギー政策の脅威となってきた。2006年と2009年のロシアとウクライナのガス紛争の他、2008年に生じたグルジアとロシアの戦争などエネルギー遮断のリスクに晒されてきた。加えて、シェールガス革命以前では供給サイドのバー

ゲニング・パワーが強く、ロシアとのエネルギー安全保障の基盤も脆弱であった。このバーゲニング・パワーもシェール革命で大きく転換した。
16) 当時、筆者が勤務していた銀行が原油とその資金確保のためにサウジアラビアと日本政府のデイレクト取引を仲介し、原油を緊急輸入する状況であった。原子力はその意味で電力安定供給のために（当時から過酷事故の危険性への備えやそのコストの想定が不十分であったとはいえ）経済的意義は有していたと言えようが、その後は火力設備の増加や経済環境の変化の中で原子力発電とその体制維持の経済、社会的意義は急速に喪失していった。

主要資料・データー等

エネルギー・環境会議コスト等検証委員会（2011）、「コスト等検証委員会報告書（案）」（平成23.12. 13）.

資源エネルギー庁『エネルギー白書2008』、『同2010』、『同2011』、『同2012』

電気事業連合会HP "enekiso2011"、"enekiso 2012"

電気事業連合会HP 電力統計（データ・ベース、2000〜2011年）

British Petroleum, "BP Statistical Review of World Energy June 2010", "―ditto 2011", "?ditto, 2012".

Bank for International Settlements (2009), BIS 79th Annual Report, Basel.

Credit Swiss (2011), "Long Run Commodity Prices", July 2011.

EU (Council of European Union) (2003)、2003b; "2003/796/EC; Commission Decision of 11 November 2003 on establishing the European Regulators Group for Electricity and Gas"

EU (European Commission, Director General for Energy) (2011), "Market Observatory for Energy, KEY FIGURES" June,2011.

EU (Commission of European Union) (2003) ; "Directive 2003/5/EC of the European Parliament and the Council of 26 June 2003 concerning common rules for the internal markets in electricity and repealing Directive 96/92/EC".

Eurostat, Apr.2012

German Federal Ministry for the Environment, Nature Conservation and Nuclear Safety, "Renewable Energy Sources in Figures", July 2011.

International Energy Agency(2012), "World Energy Outlook 2012"

JEPIC (Japan Electric Power Information Center Inc.),「データー集－各国

の電気事業」2012年10月(http//:www.jepic.or.jp/data/ ele/ele-04.htlm)
The Energy Data and Modeling Center of the Institute of Energy Economics, Japan (2011), HANDBOOK of ENERGY & ECOMIC ATASISTICS in Japan.
The European Centre for Shale Gas, Tight Gas & Coalbed Methane(2013), "Shale Gas and the Reality of Greenhouse Gas Emissions", January 24 2013.
U.S. Energy Information Administration(2011), "U.S. Natural Gas Electric Power Price", May31 2011.
U.S. Energy Information Administration, "Annual Energy Outlook 2010", "―ditto 2011", "―ditto 2012", "―ditto 2013."
U.S. Department of Commerce(長期経済統計データ・ベース)

参考文献

円居総一(2011)「火力発電の稼働率引き上げが当面の現実解-自由化が原発依存からの脱却促す」日経ビジネスオンライン、5月12日 2011.
円居総一(2011)『原発に頼らなくても日本は成長できる-エネルギー大転換の経済学』ダイヤモンド社
円居総一(2012)「シェールガスの活用が米国と世界経済を蘇らせる」『エコノミスト』2012年2月7日号 2012.
ギルバート、M.(1985)『国際通貨体制の軌跡』緒方四十郎・溝江義郎訳、東洋経済新報社
国際協力銀行(JBIC)パリ事務所(2012)、「電力市場の統合・自由化に向けたEUの改革及び欧州主要国の対応と業界動向」
東京銀行調査部(円居総一編 1994)『国際収支の経済学』、有斐閣 1994年
森嶋道夫(1994年)『思想としての経済学』、岩波書店(岩波新書)1994年
Bernanke, Ben S. (1983), "Nonmonetary Effects of the Financial Crisis in the Propagation of the Great Depression", *American Economic Review* 73, June 1983.
Fisher, I. (1930), "The Debt Deflation in the Theory of Great Depression", *Econometrica* I (4) 1930.
Friedman, M. and Schwartz, A J. (1971), *Monetary History of the United States,1867-1960,* Princeton University Press.
Galbraith J K. (1954), *The Great Crash,* Hamish Hamilton, London.
Hubbard, R G. (1991), *Financial Markets and Financial Crisis,* The

University of Chicago Press, Chicago and London.

IEA. (2012), "Golden Rules for a Golden Age of Gas", World Energy Outlook Special Report on Unconventional Gas.

IEA (2012), "Will the U.S. Surpass Saudi Arabia in Oil Production?", November 21 2012.

James, R W. (2007) "Oil Price History and Analysis", WTRG Economics (www.wtrg.com,) 2007

Joint Research Centre, European Commission) (2012), "Unconventional Gas: Potential Energy Market Impacts in the European Union", JRC SCIENTIFIC AND POLICY REPORT 2012.

Joode.J, Plamp.A. and Ozge.O (2012)," Implications of European Shale Gas Developments for the EU Gas Market: A Model Based Analysis", International Association for Energy Economics, First Quarter 2012.

Kindleberger, Charls P. (1986), *The World in Depression,1929-1939*, University of California Press.

Kindleberger, C P. (1996), *Manias, Panics and Crashes. A History of Financial Crisis,* John Wiley and Sons, New York.

Klein, Lawrence R. (1947), *The Keynesian Revolution*. Macmillan Inc., New York.

Kuttner, K. (1991), *The End of Laissez-Faire- National Purpose and the Global Economy after the Cold War,* John Brockman Associates, Inc., New York.

Lutz, K. and Robert, J V. (2009), "Are the Responses of the U.S. Economy Asymmetric in Energy Price Increases and decreases?", 13 Aug 2009.

Medlock, Kenneth B, Hartley Peter R and Myers Amy J. (2011), "SHALE GAS AND U.S. NATIONAL SECURITY", July 2011.,James A. Baker III. Institute FOR PUBLIC POLICY.

Myers, Margaret G. (1970), *A FINANCIAL HISTRY OF THE UNITED STATES,* Columbia University Press, New York.

Sauter, R. and Shimon, A.(2003) "OIL PRICE VOLATILITY AND ECONOMIC ACTIVITY: A SURVER AND LITERATURE REVIEW", IEA Research Paper, IEA, Aug. 2003.

Smily, G. (2010), "The U.S. Economy in the 1920s", E.H. net, Economic History Association, February 2012.

The Congress of the United States Congressional Budget Office (1983),

"ECONOMIC AND BUGETARY CONSEQUNCES OF AN OIL ORICE DECLINE-A PRELIMINARY ANALYSIS" March 1983.

The European Wind Energy Association (2011), "EU Energy Policy to 2050-Achieving 80-95% emissions reductions", March 2011.

The law firm, Philippe & Partners(2011), "Final Report on Unconventional Gas in Europe, 8 November 2011, Brussels.

第6章　東アジア経済共同体の可能性
―日中韓の経済協力を中心に―

はじめに

　近年、経済共同体化はヨーロッパ連合（EU）を先例として自由貿易地域や共同市場の形成を含めて世界的な流れとなってきているとはいえ、財市場の統合化の発展段階に沿って政策対応が図られなければ、却って負担を拡大して、経済の発展と構造変化の進展を大きく阻害していくことにもなりかねない。市場統合の実現以前のEUの通貨および経済統合計画における30年余に亘る紆余曲折がそのことを実証している。民間主導で事実先行的に市場統合化が進展してきた東アジアのケースにおいては、特に、その実体の体系的・客観的把握に立脚した政策協議を進めていくことが不可欠であろう。しかし、実質的な発展が期待される協定は経済の相互依存関係の深さを必要とすることからも、それを集約的に象徴する域内諸国間の貿易構造の変化を把握することは重要である。

　以上のような問題意識から、本章では、東アジア地域の経済相互依存関係の深まりの実態を貿易構造の変化から分析し、更に東アジア経済圏の中核である日・中・韓を中心に、技術集約型産業である電子機械産業のケースを取り上げて三国間における技術格差のキャッチアップの進展を推計する。また、そうした基盤の上での日中韓を中心とした東アジアの「経済共同体化」への意義と影響を検討してみたい。

第6章　東アジア経済共同体の可能性

第1節　近年の国際貿易の流れ

　1990年代以降の急速な情報化とグローバル化の進展を受けて、世界経済は相互依存関係を一段と深めてきた。その中で、地域共同市場の形成や地域共同体の形成に向けた流れも加速し、世界的な潮流となってきた。その先行実例として、1993年のEUの形成や1994年の北米自由貿易協定（NAFTA）の締結などが挙げられる。それは反面で、域外国には俳他的な動きとなり、関税および貿易に関する一般協定（GATT）および世界貿易機構（WTO）が推進する自由貿易体制に反して、世界経済のブロック化を生起させかねないとの批判も出ている。こうした問題を内包しながらも、EUやNAFTAのみならず、共同市場や共同体形成に向けた動きは世界的に広まっている。

　東アジア地域でも経済の相互依存の深まりから、1997年のアジア通貨危機をきっかけに東南アジア諸国連合（ASEAN）に日中韓を加えたASEAN＋3の協力体制の強化に向けて、経済から政治に至る幅広い協調行動への協議が重ねられてきた。1998年に初会合が持たれたASEAN＋3の首脳会議では、東南アジアと東北アジアの協力関係の構築に向けて、経済政策上の協調をベースに、金融協力、産業および通商協力、域内開発協力など多様な実務的協力関係を築き上げていくことが謳われた。以来、10年あまりの間に相互依存関係は年を追って深まり、2国間をベースとする自由貿易協定（FTA）と経済連携協定（EPA）が、日本とシンガポール、マレーシア、タイ、インドネシア間で、そして中国とASEAN諸国間、更には、韓とシンガポールなどの間で次々と締結されるまでに至った。また、日本と韓国、日本とASEAN諸国、そして韓国とASEAN諸国間のFTA/EPAの交渉も進められている。日本、中国、韓国の産・官・学における経済、社会の

連携に向けた共同研究も政治的、外交的な事情を越えて進展してきている。特に、最近年における経済関係の深化は、民間部門の生産ネットワーク化の進展と相まって著しい進展を見せ、市場の統合化から経済共同体の形成が現実的になってくるまでに進展してきた。実際、日中韓にASEANを加えたASEAN＋3の首脳会合において、東アジア経済共同体化に向けての具体的な政策協議も始まっている。

第2節　東アジアの経済現況

　1997年のアジア通貨危機を挟んだ東アジア（ASEAN 5＋日中韓）の経済発展をより子細に見てみると次の通りである。図表6－1は、東アジア各国の経済状況の推移と、アジア通貨危機の直前の1996年から5年ごとの主要指標を示している。ただし、ASEANは、現在、ベトナム、ミャンマー、カンボジア、ラオス、ブルネイの5カ国をも加えた10カ国で構成されているが、同表では、ASEAN地域の経済の中核であるマレーシア、フィリピン、タイ、インドネシア、シンガポールの5カ国に絞って示している。この章を通じ、対象とする東アジア地域は、これら5カ国、つまりASEAN 5と日中韓を加えた諸国としている。

　ASEAN 5と日本、中国、韓国、香港で構成された経済圏は、2006年基準で、人口は、約19億人、GDPは約9兆ドル、一人当たりGDPは約4745ドルである。

　この規模は、地域経済圏としてはEU25とNAFTAに次ぎ、世界第3位に位置し、世界GDPの約6分の1を占めている。アジア通貨危機直前の1996年は、ASEAN 5＋3の総GDPは約6兆ドルで、平均一人当たりGDPは約3,036ドルであった。その経済規模は2006年には9兆ドルに達し、この間大きな危機を経験したにもかかわらず、約37％の

成長を示してきた。

　この間、全世界の総GDPが約30兆ドルから約50兆ドルに、約40％の成長を示しているが、東アジアは、アジア危機による大幅な落ち込みがあったことを考慮すれば引続き高い成長を示してきたといえよう。危機の影響は、1996年と2001年ASEAN全体のGDPを比較するだけでも明らかである。約7,100億ドルから約5,210億ドルへと27％もの大幅な減少となっている。

第3節　東アジア貿易現況

3－1．東アジア貿易構造の概要

　東アジア地域のこれまでの発展を要約すれば、1960年代以後、日本の直接投資をアジアNIEs（新興工業経済地域）[1]、東南アジア、中国の順に順次に受け入れながら雁行型経済発展[2]を成し遂げ、今日に至っている。こうした雁行型経済発展は今日、東アジア域内の工程間分業を促して、さらなる工業化の深化を促しつつ、東アジア域内経済の相互依存関係を進展させている。東アジア地域は、工業化政策の中核として、輸入代替産業政策と輸出主導産業政策を並用してきたが、韓国、台湾、香港、シンガポールが、1960年代以後、産業政策を輸出主導政策に切り替えると、それが日本からの直接投資とかみ合い、産業構造の高度化を促す大きな転機となった。例えば韓国と台湾は、1960年代には、繊維、電気機械分野で、輸出特区といった輸出産業奨励策を国家の中心政策の一つに捉えて、輸出主導型成長政策へのシフトを本格化させていた。この輸出特区地域に誘致された産業に関しては、低税率を適用するなどの輸出奨励策[3]を積極的に進めた。

　もとより、国土が狭小で、尚且つ国民所得や経済規模が小さい国は、

図表 6 – 1　東アジア経済圏の人口およびGDP

	1996年 人口 百万人	1996年 GDP(名目) 10億ドル	2001年 人口 百万人	2001年 GDP(名目) 10億ドル	2006年 人口 百万人	2006年 GDP(名目) 10億ドル
日中韓	1401.593	6195.83	1457.515	6060.51	1497.522	8083.65
日　本	125.711	4,623.22	127.131	4,090.19	127.696	4,463.59
中　国	1,223.89	856.006	1,276.27	1,324.81	1,314.10	2,554.20
韓　国	45.525	557.638	47.354	481.971	48.692	877.19
香　港	6.467	158.966	6.76	166.541	7.034	188.665
ASEAN 5	353.011	710.469	376.933	521.022	404.55	943.057
シンガポール	3.67	92.552	4.131	85.612	4.427	133.525
マレーシア	21.169	100.852	24.013	88.001	26.392	147.015
タイ	59.9	181.948	62.936	115.536	65.761	194.566
フィリピン	69.952	84.371	77.925	71.216	85.926	116.917
インドネシア	198.32	250.746	207.928	160.657	222.044	351.034
東アジア	1754.604	6906.30	1834.448	6584.53	1902.072	9026.70

注．日中韓は香港を含む。
出所：IMFデータベースより推計。

　自国産業を保護しながら、国内産業の育成を図るという輸入代替産業政策では限界がある。それは輸入代替によって、さして大きくない国の市場の成長が鈍化してくると、工業化の進展も停滞してしまうからである。また世界市場との競合が間接的となるため、価格競争も限定的となり、産業の成長や高度化が輸出主導型の成長に比べ劣後しやすい。
　他方、自国産業の輸出拡大を図って工業化に取り組む輸出主導産業政策は、世界が市場となるに伴い、国際基準の品質と価格競争に耐えうる技術、生産効率を満たすことが特長的に出さられ、高度化へのインセンティブが常に働く。同時に、輸出による外貨獲得を通じて、先進技術の導入も図りやすくなり、これらが相まって産業の高度化を促していく。韓国、台湾、香港、シンガポールの輸出主導産業政策の成

功と同時期に進められた南米諸国の輸入代替産業政策の失敗の経験は輸出主導政策の優位性の証左となって、その後の東南アジア諸国や中国の工業化政策の方向性を決定付けていくことにもなった。東南アジア諸国と中国は、1980年代後半から、日本、アジアNIEsからの直接投資の導入を促しながら、輸入代替産業政策から輸出主導産業政策に転換を図って高成長を実現してきた。

　浦田・大畑（1992）[4]によれば、韓国、香港、台湾の台頭期の急成長ペースには譲るものの、このような東南アジア諸国は、主に輸出と投資のめざましい増加により達成してきた。輸出と投資の増加は、それらの需要を満たすための生産増加をもたらし、生産増加が更なる生産増加の輪を広げる好循環を現出して、持続的高成長を支えることになった。こうした経済発展は東アジアの奇跡[5]とまでいわれるようになったが、1997年のアジア通貨危機の発生により、1つの曲がり角に達し、東アジア域内経済は、極度な景気沈滞を味わうことになる。これをうけて、IMF（国際通貨基金）主導による構造調整策が実施され、韓国を含む東アジア経済はデフレ圧力に呻吟していくことになる。しかし、調整は深かったものの、2000年頃にかけ着実な回復に転じ、中国との新しい分業関係も芽生えて新たな成長循環を形成してくることになった。

3－2．東アジアの貿易規模の拡大

　以上のような経済、貿易政策の展開、推移の概観を踏まえ、東アジア地域における相互依存の深まりをまず輸出、輸入の両面から子細に探ってみたい。図表6－2は、東アジアと、世界主要地域共同体と貿易を比較したものである。この図では、東アジアの貿易規模は、EU25よりは小さいが、NAFTAの規模を2002年にすでに上回る規模に達

図表6－2　世界主要経済地域の貿易（輸出＋輸入）の推移

(単位：100億ドル)

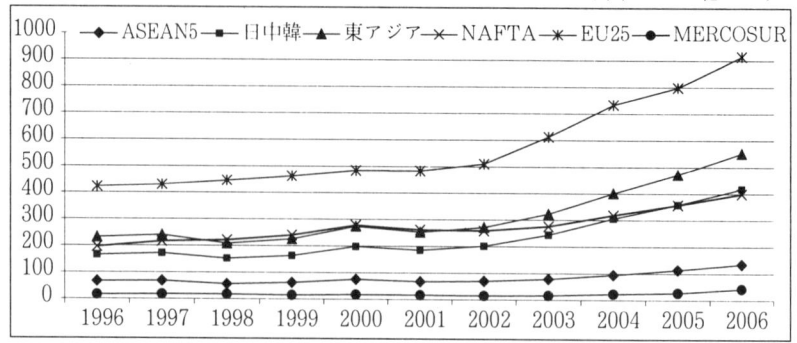

注：東アジアはASEAN5+日中韓である。
出所：JETROの世界貿易マトリクスより作成。

している。その中で、中国の成長がその拡大に大きく寄与している。

実際、日中韓のみの貿易規模でも2005年を基点に、NAFTAを上回ってきている。こうした東アジア地域の貿易規模の拡大は、とりわけ中国の経済成長が寄与しているが、東アジアは1997年のアジア通貨危機の翌年である1998年には一時的に落ち込みで2001年度の伸びが横ばいしている。2006年をみると、その以後着実に増加を続けていることが窺える。そして2006年には、NAFTAの規模を上回るまでに拡大した。ただし、日中韓のみでは、その規模には達していないのである。

一方、輸出の推移をみると、図表6－3に示されるように、東アジアの輸出規模は1996年からすでにNAFTAを上回っており、日中韓だけに限っても、2006年NAFTAを大きく上回るまでに拡大を続けている。また、アジア危機の影響は輸出では輸入に比べ小幅にとどまったこともわかる。危機発生後の2001年の数値にそれが反映しているが、これは、東アジア諸国の輸出構造が伝統的に欧米に対しての依存度が高かったことに負っていよう。欧米は、97年のアジア危機の影響をほ

第6章　東アジア経済共同体の可能性

図表 6 − 3　世界主要経済地域の輸出・輸入の推移（単位：百万ドル）

	1996年 輸出	1996年 輸入	2001年 輸出	2001年 輸入	2006年 輸出	2006年 輸入
日中韓	880410	768257	1009757	841092	2255318	1924748
ASEAN 5	329449	336386	363474	309925	736215	609234
東アジア	1209909	1104643	1373231	1151017	2991533	2533982
NAFTA	919094	1039533	1151105	1458406	1652536	2335105
EU25	2161250	2060800	2435510	2398490	4499025	4654940
MERCOSUR	75421	83704	88570	80417	267579	159952

出所：JETROの世界貿易マトリクスより推計。

とんど受けなかったことから輸出の堅調さが維持されたからである。特に、対米輸出は堅調で、米国を含むNAFTA地域への輸出は、1997年の2,040億ドルから1998年2,135億ドルと約95億ドル増加をみている。

　一方、貿易面の動向をASEAN 5 カ国に日中韓を加えたASEAN 5 ＋ 3 ベースで見てみると、2006年の貿易規模は約5.4兆ドルで、その内、輸出が約2.9兆ドル、輸入が2.5兆ドルの割合を占めている。この規模は世界の中で、EUに次ぎ、第 2 位の規模にある。1996年の貿易規模がASEAN 5 ＋ 3 地域統計で約2.3兆ドルあったことに照らすと、1996年から2006年までの間にその規模は、2 倍以上に拡大している。このような貿易の急速な拡大は、東アジア地域内での産業内貿易の発展とその下での工程間分業の進展によるものである。

3 − 3．東アジアの貿易依存度

　こうした展開の中で、東アジア域内での経済関係の深まりを貿易依存度の推移から、他の地域共同体や共同市場の比較も踏まえ分析を進めてみたい。図表 6 − 4 は域内・域外を含めた全体的な貿易依存度であるが、それは、輸出や輸入をGDPで除して求められる。まず、ASEAN 5 の貿易依存度（輸出＋輸入）はその輸出主導型経済構造を

図表6－4　世界主要経済地域の貿易依存度（輸出、輸入）の推移（単位：％）

	1996	1997	1998	1999	2000	2001	2002	2003	2004	2005	2006
日中韓	14	16	16	15	17	17	18	20	22	25	28
	(12)	(13)	(12)	(12)	(13)	(14)	(15)	(17)	(19)	(21)	(24)
ASEAN 5	51	57	82	74	83	77	71	70	76	83	81
	(52)	(57)	(65)	(60)	(71)	(66)	(60)	(59)	(64)	(68)	(67)
東アジア	17	19	20	19	21	21	22	24	27	29	32
	(16)	(17)	(15)	(15)	(17)	(17)	(18)	(20)	(22)	(25)	(27)
NAFTA	10	11	10	10	11	10	9	9	10	10	11
	(12)	(12)	(12)	(13)	(14)	(13)	(12)	(13)	(14)	(15)	(15)
EU25	23	25	25	25	28	28	28	27	28	29	31
	(22)	(24)	(24)	(25)	(29)	(28)	(27)	(26)	(28)	(29)	(32)
MERCOSUR	7	7	7	8	9	10	14	15	17	15	20
	(7)	(8)	(8)	(9)	(9)	(9)	(10)	(10)	(11)	(10)	(12)

注．括弧の中の数値は輸入依存度である。
出所：JETROの世界貿易マトリクスより推計。

直ちに反映しているといえよう。2006年でEU25が約60％であるのに対して、約140％となっている。この貿易依存度の高さは世界景気が外需の動向に大きく左右される脆弱性を内包するものの、このASEAN5に日中韓を加えた東アジアのベースでみると、国内市場の成長が進んだ日中韓の経済構造とその規模を反映して、その貿易依存度はよりEU25に近い水準となる。そしてEU25の域内貿易依存度の高まりもあって、2006年ではほぼ同水準となっている。

　NAFTAは、1996年から2006年まで横這いで推移しており、域内の依存関係の深化はみられない。その貿易依存度は他地域に比べて一番低位に止まっている。NAFTAは、その中心である米国が大きな国内市場を有し、もともと貿易依存度が低いことおよびNAFTA協定以前からその相互の依存度はほぼ安定しており、協定により高まる余地が大きくはなかったことによっていよう。日中韓は1998年、2001年に相互依存度の低下をみたが、これらを除き、趨勢的に依存度は上昇して

いる。ここでも、2001年にWTO加盟を果たして経済成長を継続している中国の急速な貿易拡大が大きく寄与している。

このような全体的な展開を、さらに輸出面と輸入面に分けて依存度の推移をみると、ASEAN５は輸出・輸入依存度の両方が2006年から減少に転じてはいるものの、他地域に比べて歴然として高い。日中韓は輸出依存度が輸入依存度よりは高く、両方共に着実に上昇している。EU25は輸入依存度がわずかに増加傾向ではあるが、全体的に輸出依存度と輸入依存度は横ばいにある。NAFTAは輸入依存度が輸出依存度より高くなっているが、それは米国の消費過多の経済構造を反映しているといえよう。そして輸出依存度と輸入依存度ともにほとんど上昇がみられない。東アジアは日中韓の傾向とほぼ同様の推移となっている。それはASEAN５の経済規模が日中韓の経済規模より小さいことから、ASEAN５のきわめて高い貿易依存度が、日中韓を加えた東アジアの輸出・輸入全体の依存度にはまだ大きく反映される状況には至っていないことを示している。

3－4．東アジアの域内貿易の深化

以上、他地域との比較で東アジアの対内・対外を含む全体的な貿易の展開と特徴をみてきたが、東アジア域内地域における相互依存の進展状況を分析するため、域内貿易の展開を以下みていくことにしたい。図表6－5は、地域内貿易の貿易比率を他地域を含めて示している。東アジアの域内（対地域内）貿易比率は、2004年からNAFTAに並ぶようになったものの、日中韓とASEAN５の各々は、他の地域経済協力体に比べて決して高くないのが現状である。3国間の経済協力体であるNAFTAと比較しても、NAFTAが40％以上に達しているのと比べ、例えば日中韓は、2004年においても20％に達したにすぎない。

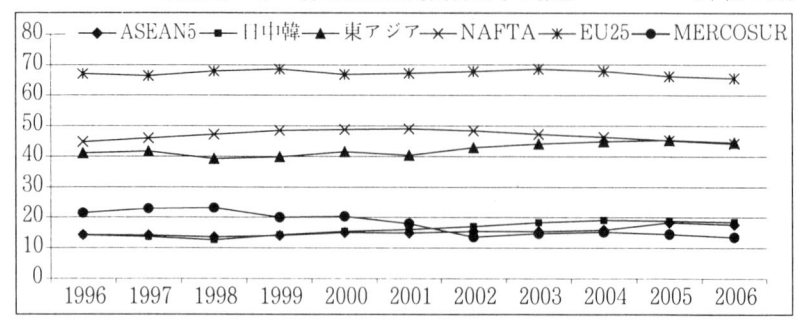

図表6-5　各地域の域内貿易比率の推移　　　　（単位：%）

	1996	1997	1998	1999	2000	2001	2002	2003	2004	2005	2006

凡例：ASEAN5　日中韓　東アジア　NAFTA　EU25　MERCOSUR

注：算出方法は、域内貿易比率＝各地域域内貿易（輸出＋輸入）÷各地域の貿易（輸出＋輸入）
出所：JETROの世界貿易マトリクスより作成。

ASEAN5も日中韓と同様で、2005年にようやく20％に達した程度で、域内貿易比率はまだ低水準にある。

ただし、周知のように域内貿易比率は地域が広ければ広いほど、また域内国家数が多ければ多いほど、域内貿易比率は高くなる傾向がある。図表6-5から伺われるように、日中韓とASEAN5の域内貿易比率は高くないが、東アジアになると、約40％以上に達し、EU25と遜色のない水準にある。日中韓とASEAN5の域内貿易比率は相対的に低い一方で、両地域を合せた貿易比率は、EU25に比べてもすでに遜色ない水準に達しているということは、夫々の地域間以上に両者の合せた地域で貿易、経済関係の深まりが大きく進展していることを示している。

このように、日中韓3カ国の経済規模の面を考慮すると、こうした域内貿易比率が低いことから、域内貿易における成長の余地は潜在的である。逆に、欧米に対する貿易の伸びは大きく期待しにくいのであろう。そしてASEANまで加えると、その域内貿易の成長潜在力はさ

らに大きくなることが充分に想像できるのであろう。これらが示唆するのは、その経済規模とこれまでの政治的関係の問題から考えてみても、まず日中韓3カ国間地域内における域内貿易の成長の余地をまだ潜在的に大きく有しているということと、東アジアの経済発展と貿易および経済の相互依存関係の深まりは、ASEAN内、日中韓内という地域区分を越えて、東アジアの広域地域全体をカバーする範囲内で大きく進展しているということである。この特徴を踏まえて、東アジアの経済共同体を推進していく必要があろう。そのためには、こうした貿易関係に示される特質を、その背後にある生産関係の繋がりを含めて仔細に検証をし、構造変化を支援する政策の方向と対応案を探っていく必要がある。

第4節　日中韓の相互依存の深化

4-1．日中韓の貿易（輸出）結合度

　東アジアの相互依存関係を日中韓の貿易（輸出）結合度指数を中心に見てみよう。貿易（輸出）結合度指数とは、2国・地域間が貿易（輸出）により、どの程度密接に結合しているかを示すもので貿易当事国間の相互依存度を測定するための概念として用いられる。貿易結合度指数が1を超えている場合、両国の結合度は世界に対する平均水準よりも相対的に強いことを意味し、値が1以下の場合には両国の結合度は相対的に弱いことを意味する。

　図表6-6は、日中韓の対東アジアへの貿易（輸出）結合度指数を推計したものである。日本の場合、韓国、フィリピン、タイに対する貿易（輸出）結合度指数は漸次高まってきている。中国との関係においても同指数が着実に高まっているが、シンガポール、インドネシア

図表6-6 日・中・韓の貿易（輸出）結合度指数の推移

輸出国	輸入国 年	日本	中国	韓国	シンガポール	タイ	マレーシア	インドネシア	フィリピン
日　本	1985		2.21	2.11	1.14	1.88	1.19	1.97	1.14
	1990		0.94	2.33	1.61	2.44	1.65	2.22	1.65
	1995		1.15	2.19	1.61	2.46	1.69	2.14	2.22
	2000		1.38	2.27	1.63	2.42	1.56	2.02	2.22
	2004		1.85	2.67	1.44	2.81	1.35	1.97	2.18
中　国	1985	3.21		N.A.	3.91	0.69	0.65	0.72	2.41
	1990	1.85		0.74	1.31	1.45	0.45	0.74	0.61
	1995	2.53		1.37	0.72	1.38	0.38	0.90	0.82
	2000	2.50		1.59	0.86	0.76	0.55	1.55	0.60
	2004	2.26		1.58	0.96	0.76	0.82	1.28	0.91
韓　国	1985	2.22	N.A.		0.86	0.79	1.46	1.05	1.73
	1990	2.55	0.91		1.18	1.13	0.92	2.08	1.42
	1995	1.89	1.74		1.70	1.10	1.08	2.30	1.48
	2000	1.84	2.40		1.26	1.02	1.13	2.67	2.08
	2004	1.61	2.84		1.03	1.03	1.10	1.82	1.75

注．I国のJ国に対する貿易（輸出）結合度は、（i国からj国への輸出額／i国の総輸出額）／（世界からj国への輸出額／世界の総輸出額）で計算。
出所：UN Commodity Trade Statistics Databaseより筆者推計。

に対しては横這いないしやや低下傾向である。日本は東アジア諸国に対して貿易（輸出）結合度指数を広く高めてきていることから、東アジア諸国との高い相互依存の関係が読み取れる。これは、日本が従来の対米中心の貿易構造がアジアにシフトしつつあることを示していよう。日本からの直接投資の広まりと累積が東アジア諸国の工業化を促し、それが日本の輸出市場を広げるという成長の循環を生み出していることに負うものであろう。

　中国については、中国の対日本貿易（輸出）結合度指数は1990年に大きく減少をみたが、相変わらず高い。これは日本が中国にとって、重要な輸出市場であることを如実に示すものであろう。韓国に対して

も、1985年は国交が成立できていなかったのにもかかわらず、貿易（輸出）結合度指数は1990年、1995年と高まってきている。ただ、同指数からみて日本ほどの重要な輸出市場とはなっていない。

韓国は日本を除いて、東アジア諸国に対して全体的に貿易（輸出）結合度指数を高めている。特に中国との貿易（輸出）結合度指数は韓国の重要な輸出市場になっていることがわかる。日本との貿易（輸出）結合度指数はまだ他の東アジア諸国に比べて高い水準ではあるが、低下する傾向である。他方で、中国を始めとする東アジア諸国の貿易（輸出）結合度指数が高まっていることは、日本以外の東アジア諸国が韓国にとって重要な輸出市場に変わりつつあることを示していよう。もっとも、こうした変化が生じつつあるとはいえ、日本市場が重要な輸出市場にあることは変わりない。

全般的に、日中韓における貿易（輸出）結合度指数の傾向は、2000年以前のものとそれほど変わらないことは、2000年以後も三国間における貿易の相互依存度は深化していることを示していよう。日中韓三国間の貿易（輸出）結合度指数は、日本が韓国に、韓国が中国に、中国が日本に対して高い水準の貿易（輸出）結合度指数を示している。これは日中韓三国間の貿易関係そのものを表すものであり、三国間の貿易収支動向に端的に反映されているように、中国は韓国に、韓国は日本に、日本は中国に対して貿易慢性赤字を呈している。

4－2．日中韓の貿易特化係数

次は、東アジア経済の中核である日中韓を中心に貿易特化係数により、貿易構造や経済構造を見てみたい。貿易特化係数は、特定市場において、国家間の貿易と競争構造を分析するツールとして用いられる。それは各品目別の輸出入の差を当品目の交易規模で除した値で求めら

れる。輸出における相対的な比較優位を示す指標として活用され、国際間の貿易における特化の状況と競争構造の特質を把握する重要な指標となる。これは国家間の交易において競争力のある品目が輸入より輸出の方が多くなるという前提に立ち、また輸出入の差額がその国の貿易規模に影響されるのを排除するために、輸出入の差をその貿易規模（X＋M）で除して比較の平準化を図っている。それゆえ、貿易特化係数は－1と1の間の値をとることになるが、同係数が0から－1に近づくほど輸入に特化することを意味し、0から1に近づくほど、輸出に特化していることを意味している。輸出特化にある場合、当該産業品目が、従って当該産業が国際的に相対競争力優位を有していることを表わしている。

　表図6－7は、日・中・韓の特化係数を国連の貿易統計データベースを用いて、国際的な貿易品目の分類に従い推計したものである。

　まず、日本についてみると、高い技術力が要する分野である化学工業生産品、原材料製品、機械類および輸送用機器類において高い競争力を保持し、特に機械類および輸送用機器類では他の東アジア諸国よりはるかに高い輸出特化競争力を持っていることがわかる。

　中国は全般的に輸入に特化している分野が多く、食料および動物、飲料およびたばこにおいて輸出に特化している。韓国は日本と同様に原材料製品、機械類および輸送用機器類において輸出に特化しており、化学工業生産品については輸入特化となっているものの、その競争力は漸次改善していることが読み取れよう。中国はその日本とは対照的に、食料および動物、飲料およびたばこ、食料に適しない原材料（鉱物性燃料を除く）、鉱物性燃料、潤滑油その他これらに類するもの、そして動物性または植物性の加工油脂および蠟に輸入特化が高い。だが、それは中国の急速な工業化の進展の反映を端的に表すものであろう。

第6章　東アジア経済共同体の可能性

図表6-7　日・中・韓の産業別貿易特化係数の推移

	年	0	1	2	3	4	5	6	7	8
日本	1985	−0.81	−0.76	−0.83	−0.95	−0.55	0.11	0.59	0.84	0.47
	1990	−0.88	−0.91	−0.86	−0.90	−0.63	0.13	0.17	0.70	−0.00
	1995	−0.91	−0.78	−0.79	−0.79	−0.84	0.25	0.20	0.63	−0.12
	2000	−0.89	−0.88	−0.71	−0.92	−0.73	0.28	0.21	0.53	−0.11
	2004	−0.88	−0.80	−0.57	−0.81	−0.81	0.28	0.21	0.52	−0.18
中国	1985	0.14	−0.87	−0.35	0.93	−0.26	−0.65	−0.72	−0.96	−0.07
	1990	0.40	−0.15	0.06	0.62	−0.69	−0.29	0.02	−0.19	0.61
	1995	0.23	0.04	−0.38	0.04	−0.69	−0.39	−0.04	−0.27	0.69
	2000	0.42	0.20	−0.57	−0.12	−0.77	−0.43	−0.02	−0.03	0.67
	2004	0.43	0.22	−0.76	−0.07	−0.93	−0.38	0.18	0.09	0.65
韓国	1985	0.08	0.56	−0.83	−0.45	−0.96	−0.45	0.36	0.18	0.77
	1990	−0.11	−0.36	−0.75	−0.72	−0.96	−0.45	0.23	0.07	0.68
	1995	−0.26	−0.75	−0.66	−0.48	−0.88	−0.12	0.21	0.17	0.16
	2000	−0.36	−0.36	−0.62	−0.10	−0.88	0.07	0.31	0.24	0.03
	2004	−0.56	0.04	−0.61	−0.09	−0.90	0.08	0.16	0.35	−0.13

注．1．0：食料および動物、1：飲料およびたばこ、2：食用に適しない原材料（鉱物性燃料を除く）、3：鉱物性燃料、潤滑油その他これらに類するもの、4：動物性または植物性の加工油脂および蠟、5：化学工業生産品、6：原材料製品、7：機械類および輸送用機器類、8：雑製品。
2．貿易特化係数（TSI）＝X－M／X＋M（X：輸出、M：輸入）で推計。
出所：UN Commodity Trade Statisticsより筆者推計。

　その理由としては中国の工業化が進むにつれ、工業化に必要なエネルギーおよび原材料を以前より使用しているからである。それ以外の品目に対しては、工業化の進展のおかげで、輸入特化の減少と輸出特化への転換傾向が進んでいることが窺われる。さらに貿易特化係数を2000年と2004年まで期間を延ばして、より仔細にみると、日本は化学工業生産品の輸出特化が目立つ一方、機械類および輸送用機器類は、それらの貿易特化係数自体は中国と韓国を大きく上回るものの、1985年以来、低下傾向にあって、韓国や中国からのキャッチアップが進みつつあることが窺われる。

　韓国は、雑製品について、1985年に一番高い水準の輸出特化をみせ

たが、2004年には輸入特化に転じている。反面、化学工業生産品は、輸入特化から輸出特化に転換して、韓国にとっての重要な輸出品目の一つになってきた。また世界市場において日本と激しい主導権争いをしている機械類および輸送用機器類も、輸出特化が高い品目となってきている。

したがって、日中韓三カ国間の貿易競争力は、日本が化学工業生産品、機械類および輸送用機器類において高い競争力を保持する一方、韓国と中国は、このような高付加価値分野での品目構成の貿易競争力はまだ低位に甘んじている。これらの品目での競合関係がより重なってくれば、高付加価値分野の競合関係を高めて、相互の経済成長の軸を広めていくことが見込まれよう。ただし、現状では、日本は韓国と中国より相対的に競争優位領域が広く分布しており、競合関係の重なりはまだ低い。しばらくは、こうした状況の継続となろう。

以上、総じて、韓国は伝統的に競争優位を保ってきた雑製品においては、1990年代から中国にすでにキャッチアップされてきたことが指摘できる。そして原料別製品において韓国と中国は類似した競争優位関係が広まり、相互の競合関係を高めている。これは1990年代以後、本格的に多国籍企業が中国に進出し、中国に生産拠点をつくって輸出を拡大してきたことが大きく働いていよう。しかし、韓国は中国との相互関係において、競合関係だけが高まったわけではない。最近、韓国の化学工業生産品が輸入特化から輸出特化に転換しているが、この背景には、中国の最終財の輸出を通じた急速な経済成長のおかげで、韓国が原材料および中間財の調達市場としての役割が大きくなってきたことを表している。

つまり、相互の競合関係が高まってきているにつれ、相互補完関係の高まりを通じた相互依存関係が高まりつつあることが指摘できる。

貿易特化係数を通じた各国の品目別競争力が示唆するのは、まず、中国においては1992年にWTOの加盟を果たした以後、競争力が向上している品目が広範囲に広がっていることである。一方、日本は化学工業生産品を除いては依然として相対的に競争力水準は高いものの、徐々に低下の傾向にあることがわかる。韓国は競争力が向上している品目は漸次増加の傾向にある。それは、先に言及した中国の経済発展による原材料や中間財輸出の高まりに負うものが大きい。反面、低付加価値分野における競争力低下品目は中国の経済成長と高度化に負っている。

4－3．日中韓の電子機械産業における貿易構造の変化

　以上、みてきた競合関係と相互補完の深まりの動きを、更に分析を進めるため、技術集約産業である電子機械産業にまで立ち入ってみてみよう。図表6－8は、電子機械産業をHS1992商品分類の四桁ベースで分類した48項目を分析し、それから家電機器、通信機器、電子部品、産業用機器の大きく四つに分けて分析、その内、大きなシェアを占める個別品目別分類のテレビ、無線電話電信機器、無線機器部品、個別素子、集積回路の貿易特化係数の推移を示したものである。

　まず家電機器において、日本と韓国は1994年から貿易特化指数が漸次低下傾向にあり、韓国が日本よりその低下幅がやや大きくなっている。しかし中国は、1994年から年々上昇をみている。通信機器では、日本は1994年と2006年を比較すると大きく減少している。韓国は1997年一時的に低下をみたものの、2000年と2003年に大きく上昇して、その後は緩やかな上昇に転じている。中国は1994年には－0.1と若干ながらの輸入特化の状態にあったが、その後は輸出特化に転じ、指数は大きく上昇して、今や日本を超える輸出特化産業となっている。電子

図表6-8　電子機械産業の貿易特化係数の推移

	年	家電機器		電子部品			通信機器			産業用機器
			テレビ	個別素子	集積回路		無線電話電信機器	無線機器部品		
日本	1994	0.53	0.42	0.63	0.71	0.53	0.66	0.82	0.43	0.63
	1997	0.39	0.26	0.49	0.64	0.34	0.41	0.74	0.26	0.46
	2000	0.43	0.3	0.44	0.68	0.26	0.28	0.74	0.42	0.41
	2003	0.41	0.51	0.38	0.61	0.26	0.3	0.7	0.37	0.33
	2006	0.32	0.46	0.31	0.57	0.17	0.24	0.17	0.38	0.36
中国	1994	0.26	0.37	−0.32	−0.23	−0.82	−0.1	−0.66	−0.29	−0.14
	1997	0.41	0.59	−0.3	−0.37	−0.59	0.2	−0.28	−0.21	0.12
	2000	0.41	0.91	−0.46	−0.4	−0.65	0.09	−0.24	−0.21	0.2
	2003	0.5	0.95	−0.53	−0.52	−0.73	0.25	0.32	0.03	0.14
	2006	0.57	0.97	−0.46	−0.36	−0.67	0.48	0.8	0.12	0.22
韓国	1994	0.57	0.96	0.26	−0.23	0.32	0.37	−0.29	0.38	−0.37
	1997	0.43	0.87	0.13	−0.25	0.19	0.21	−0.21	0.23	−0.25
	2000	0.35	0.76	0.06	−0.35	0.08	0.49	−0.21	0.22	−0.17
	2003	0.26	0.81	−0.07	−0.39	−0.09	0.69	0.03	0.46	−0.16
	2006	0.21	0.78	0.03	−0.27	0.08	0.71	0.12	0.69	−0.17

注．HS1992商品分類の四桁分類（8501〜8548による）
出所：UN Commodity Trade Statistics Databaseより筆者推計。

部品では、日本は1994年の同指数が輸出特化が目立つ産業であった。その後は徐々に低下を見て、輸出特化が弱まっているものの、中韓に比べると依然高い水準を保持している。中国はこの電子部品においては1994年から1997年にかけて輸出特化に転じたかに見えたが、2000年から輸入特化が目立つ状態に戻っている。韓国は1994年0.26から徐々に低下をみせ、2003年には輸入特化の状態になったが、2006年には0.03と輸出・輸入特化中立的状況に戻している。また、産業用機器においては、日本は電子部品とその特化の展開は変わらず、相対的に高い状況を保持している。中国は1994年に輸入特化状況にあったが、1997年に輸出特化に転じ、2006年には日本の特化水準に近づきつつあ

る。韓国は1994年−0.37と高い輸入特化状況にあり、それが2006年に少し低下してきたが、輸出特化には転じていない。テレビの輸出においては中国の伸張ぶりが目立つ。1994年から2000年にわたって飛躍的に上昇し、2006年時点でも0.97の極めて高い輸出特化となっている。日韓に目立つ変化はなく、ともに輸出特化状況を維持している。通信機器の分野では、携帯電話産業において、中韓の貿易特化係数の上昇が目立つ。中国は無線電話電信機器（携帯電話）において1994年輸入特化状況から2003年に大きく輸出特化に転換し、2006年には0.80まで上昇している。しかし無線機器部品においては、1994年から2006年まで緩やかな変化は見られるものの、輸出特化に十分転じきれてはいない。高度な輸入パーツを組み立てるという段階を脱しきれていないことが窺われる[8]。韓国のそれは、1997年0.52へと大きく輸出特化が進み、その後高水準の輸出特化を実現している。そのパーツにおいても1994年の0.38から2006年には0.69に上昇し、無線電話電信機器の高い競争力が窺がわれる。日本は中韓と逆に、無線電話電信機器は急激な低下となっている。一方で無線機器部分品は低下傾向であるとは言え、引き続き輸出特化を維持している。これは日本の同製造業界が製品の販売を国内向けに特化し、「高度な部品の輸出は継続」という経営戦略の変化を示唆しているからであろう。

　次に電子部品の中で大きな比率を占める半導体の中の個別素子と集積回路についてみてみたい。半導体生産の全体像を2004年の世界の総生産額に占めるシェアから概観すると、東アジア地域が全生産の66.5％を占めている。その内、日本が18.4％、韓国が12.8％、台湾が14.3％の高いシェアを誇っている。そして注目したいのは、中国が2.9％というシェアを占めるに至っている点である。大規模な初期投資とその継続を必要とする半導体においても中国が急速なキャッチアップを

図り始めていることが見て取れる。それを貿易特化係数からみると、依然として、個別素子と集積回路において共に輸入特化状況にあることに変わりはないが、集積回路では、徐々に輸入特化の状況を低下させてきている。日韓は集積回路では、全体的に輸出特化係数が低下傾向にある。一方、個別素子では、中韓が輸入に特化していて、それぞれ高い輸入特化となっていたが、2006年には、両国共に低下を見せている。日本は個別素子において、1994年が0.71と高水準の輸出特化にあり、その後、漸次低下してきたものの、2006年で0.57という水準になっており、中韓とは対照的に高い輸出特化を保持している。

以上を総括すれば、日本は技術集約度の高い電子機械産業の全てにおいて輸出特化の状態を保持しており、その競争力が依然高いことが窺がわれる。そうした中でも最終製品財においては低下傾向が強まる反面、技術集約と大規模の投資を必要とする電子部品などの部品分野品目においては高い輸出特化が継続している。

日本は分析した電子部品の16項目において輸出に特化していた。中韓が輸入に特化していることとは対称的である（5～6項目だけ輸出に特化）。このように日本は中間財である部品で高い競争力を保持している一方、例えば中国は2006年の時点で、最終財としての家電機器の2項目（8523、8524）のみ輸入に特化していて、それ以外は輸出に特化している。産業用機器も同様である。1994年に、過半数以上の項目が輸入に特化していた状態から輸出特

図表6－9　携帯電話、半導体の国・地域別生産シェア（単位：％）

	携帯電話	半導体
日　　本	6.2	18.4
中　　国	35.0	2.9
韓　　国	26.0	12.8
欧　　州	12.8	9.4
北　　米	3.7	24.0

注．携帯電話については2005年の生産台数、半導体については2004年の生産額より計算した。
出所：経済産業省『通商白書』2006年を参照に作成。

化が進んでおり、ここでも最終財に競争力を持つようになっている。また韓国は、1994年には家電機器が輸出特化となっていたが、2006年には3項目以外には輸入特化に転じている。その一方で、通信機器には輸出特化をみせ、中間財である電子部品においては依然輸入特化にあるものの、特化の程度は低下しつつある。こうした変化は、技術集約度の高い電子機械産業分野においても、着実に国際分業化が進展してきていることを示唆していると言えよう。

4－4．日本の対外直接投資の流れ

　電子機械産業は、技術進歩のスピードが速く競争が激しい。そのため、持続的に大規模の設備投資が必要となり、生産費用節減のための生産拠点の移動が目立つ。1980年代後半から多国籍企業の生産体制が拡大・深化し、特に日本企業の東アジアに対する投資が目立つ一方で、国際分業が産業間分業でなく、工程間分業へと移動した。そして、その工程間分業は主に電子機械産業分野で行われてきた。もとより輸送産業や精密機械からもその特徴は明確に確認される。つまり、いわゆる技術集約型の先端産業において工程間分業構造が進展してきたのである。そして、工程間分業を加速化させたのが、輸送費用の節減と情報革命である。それから、1990年以後、中国の開放政策よる急速な経済成長で、その生産拠点は東アジア諸国から中国に移転してきた。中国は電子産業において最終財組み立ての役割を果たしてきたが、半導体など電子部品の生産にも力を付けてきている。

　日本と韓国は、その地理的密接さと発展段階の違いから中国の中間財と差別製品の供給地として、中国との経済的相互依存度を高めてきた。中国は最終財の組み立て地として、日韓から中間財を依存しながら、産業の高度化に力を付けつつある。

図表6-10 日本の対外直接投資（対ASEAN5、中国、韓国）

（単位：100万ドル）

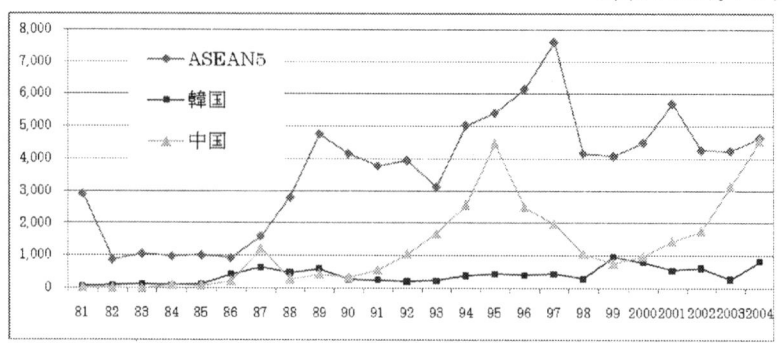

注：報告・届け出ベースで、日本への引き上げ額は計上していない。
出所：JETROの対外直接投資より作成。

　日中韓三国は、経済的競争関係でもあるが、生産工程間分業の進展に伴って、産業内貿易の増加により経済的相互依存の側面が目立つ。日中韓における工程間分業は電子機械産業において、1990年代から産業の高度化と相まって着実に進展してきた。日中韓は、FTA（自由貿易協定）、それの発展した形のEPA（経済連携協定）などの経済的協定が存在しない国家間として、工程間分業が進んで産業の高度化が進展してきている。したがって日中韓の間にはすでにFTAやEPA協定の基盤は形成されつつあるといってよかろう。しかし、工程間分業の深化を促進し、相互の新たな成長基盤の拡大のためには、FTAやEPA協定の推進を積極的に図っていく必要があろう。

　他方、東南アジアにおいては、1985年以降の日本とアジアNIEsからの直接投資を用いて、急速な経済成長を成し遂げた原動力となり、また産業の工業化の基礎をつくったのも事実である。そして、東南アジアはASEANという制度的枠組の中で、経済の域内依存度も高めてきたが、近年の中国経済の浮上によって、従来の対東南アジア直接投

資は、対中国に流れ込み、過去のような機会は今日の現状では期待しにくい。けれども、ASEANの後発加盟国には直接投資が増加の傾向にある。それに、近年の東南アジア諸国は、世界の不況下で国際競争力が弱体化し、製造業の不振で輸出志向政策も行きとどまっている現状におかれている。そのため、ASEAN諸国には内需市場の拡大が重要な課題として提起されているとともに、ASEANも汎東アジア、つまり日中韓を加えたFTA形成の構想が社会的に共感を呼んでいる。

第5節　東アジアの域内経済協力の現況

5－1．東アジア域内におけるFTA/EPAの推進

　近年、東アジア地域の経済相互依存は、日中韓を軸に深化が加速している。その反面で、東アジア地域の相互依存の深化と市場統合の急速な進展にもかかわらず、域内の制度的統合の進展は足踏みの状態が続いてきた。制度的進展の遅れは、論議はあったものの、実際には、1997年のアジア通貨・経済危機をきっかけに、政府間の協議が進み始めたに過ぎなかったことにあろう。

　しかし、通貨危機以降は金融協力を柱に論議が広がり、財市場の分野を含めて、ASEAN＋日中韓の域内協力関係が進み、規制の標準化に向けた政策対応と制度的統合化への論議は急速な進展をみてきた。今後の具体的推進のあり方について論及すれば、以下の通りである。東アジア域内におけるFTA/EPAは、これまでASEAN諸国・地域を中心に日中韓が競合的に協定を進めるという形で展開されてきた。こうしたASEAN＋日中韓のASEAN＋3のベースではなく、ASEAN＋日、ASEAN＋中、ASEAN＋韓という、いわばASEAN＋1の枠組みで進んできた制度的協力関係は、中長期的には域内すべての

図表6－11　東アジア域内におけるFTA推進動向

		締結された協定（内容、発効年度）
多国間		ASEAN (G,1992)、中国・ASEAN (G,2003)、中国・ASEAN (S,2007)
二国間		中国・香港 (G&S,2004)、中国・マカオ (G&S,2004)、中国・シンガポール (G&S,2009)、日本・ブルネイ (G&S,2008)、日本・インドネシア (G&S,2008)、日本・マレーシア (G&S,2006)、日本・フィリピン (G&S,2008)、日本・タイ (G&S,2007)、日本・シンガポール (G&S,2002)、韓国・シンガポール (G&S,2006)、ミャンマー・タイ (G,1991)
		交渉中にある協定
多国間		日本・ASEAN、韓国・ASEAN

注．GはGoods、G&SはGoods & Services。
出所：http://rtais.wto.org/UI/PublicAllRTAList.aspxより作成。

FTA/EPAが一つに収斂されることで、共同体形成の最終段階とも言える共通通貨の導入基盤なども整っていくことになろう。そのためには、ASEAN＋1の枠組みでのFTA/EPAの主要規定の標準化を進めることが協定の重層的拡大と併せ、重要な課題となろう。その際、まず考慮されなければならないのが市場統合の発展度合いに沿った発展段階別の推進である。

　東アジア地域は、経済構造の融合化が進んできたとはいえ、発展段階、経済規模、産業構造が依然異なる国が多様に存在する地域であり、実際の市場統合を進める場合、こうした地域の多様さから、FTA/EPAの協定内容も締結された国によって、その規定する範囲や範疇がかなり異なっている。その負担を最小限にとどめ、利害調整を緩和して市場統合と経済構造の同質化を着実に進めていくためにも、経済規模や発展段階などを配慮した協定締結の拡大と標準化を進めていくべきであろう。具体的には、経済規模、発展段階によって、東アジア地域を2グループまたは3グループに分けて市場統合を進展させていくことが望ましいと言えよう。この点では、EUの深化と拡大におけ

る教訓を生かしていくべきであろう。

5－2．日中韓を中心とするFTA/EPAの推進

　これまでASEAN＋1のベースで進展してきた東アジア地域のFTA/EPAを、東アジア地域の経済軸である日中韓のベースでも進めるべきであろう。中核となるべき日中韓におけるFTA/EPAは、その経済的相互依存の急速な深まりにも関わらず、政治的障害等も働いて未だ進んでいない。日中韓でFTA/EPAを推進することによって、これら3国の東アジア経済共同体についての積極的な取組みの姿を表明することになる。これまで、政策的には、ASEAN主導で進められてきた東アジア経済共同体化への動きは、日中韓が中核的に加わることによって対外的、対内的にも東アジア経済共同体の形成に向けたダイナミズムを喚起していくことになる。また、ASEAN＋1の枠組みから統合化を進めていくには、負担を巡る各国間の利害調整に多くの時間を要せざるを得ない。政治的・経済的に強国の地位にある日中韓が自ら相互間の協定を進め、FTA/EPA協定の広範化への核を成していくことになれば、共同市場の形成が一挙に視野に入ってくることになろう。

　日中韓のFTA/EPA締結の鍵となるのは、日中間の協定の実現である。世界的にも、米国に次いで第2位、3位の経済規模を誇る両国の締結が実現すれば、日中韓のFTA/EPAの締結を含め、東アジア域内のFTA，EPAの広範化と標準化は一挙に進むものと考えられる。その中で、中間的な存在である韓国が日中間の架け橋的な役割を担っていくことも重要である。

　東アジア共同体に向けた機構の創設があげられる。東アジア地域は、1998年から始まったASEAN＋3の首脳会談が定例化しており、各国

の経済大臣による閣僚会議も定例化している。ASEAN＋3の首脳会談が東アジア地域の総体的な政策方向を示すものとすれば、閣僚会議は、その具体的協調政策の作成と実施に関わる協議の場と位置付けられる。その下に、各種研究機関を参集した常設の推進機構を設置していく必要があろう。現在、東アジア経済共同体は、政府間レベルでは依然構想論議の段階にとどまっているのが現状である。東アジア経済共同体形成に向けた関税、非関税、原産地規定など多様な調整問題に取り組む機構の創設は、日中韓においても、日中韓＋ASEANにおいても、具体的政策支援を体系的に進める上で重要である。

おわりに

東アジア地域は、EUとは対象的に事実先行で経済統合化が進んできた。それは、東アジアの貿易構造の変化からも窺われるように、1970年代、日本の直接投資を東アジア諸国は順次に受け入れ、雁行型形態の経済発展を成し遂げた。こうした発展形態は、東アジア域内の工程間分業を促し、それが近年の中国経済の発展とグローバル化や情報化の進展に相まって貿易構造と相互依存関係の急速な変化を加速化させてきた。このような近年の工程間分業の急速な進展により、財市場においての統合度はEUに匹敵するほどに、そしてNAFTAの水準を凌駕するほどに高いレベルに達しており、経済共同体形成への基盤は、すでに整えてきている。この財市場の統合と併せて、金融面では、従来の銀行仲介を中心とした間接金融主体の金融構造からの脱皮を進め、金融市場の域内的融合化を進めていく必要があろう。1997年のアジア通貨危機を機に、「チェンマイ・イニシアティブ」[9]と「アジア債券市場育成イニシアティブ」[10]という形態で、域内の通貨の安定と間接

第6章 東アジア経済共同体の可能性

金融から資本市場を中心とする直接金融への移行を促すための金融協力も広まりつつある。

したがって、東アジアは、経済共同体の具体化に向けての必要条件とも言える東アジア域内の財市場の統合化は高い段階に進んできた。この発展段階を踏まえ、政策面でもFTA, EPAの重層的拡張を中心に、経済共同体の形成に向けた制度面からの環境整備を体系的に進めていくことが重要であると言えよう。

注

1) アジアNIEsは、韓国、香港、台湾、シンガポール、東南アジアは主にASEAN5の加盟国であるタイ、フィリピン、インドネシア、マレーシアを指す。
2) 雁行型モデルは赤松によって提唱され小島により拡充、精緻化された理論である。日本で競争力が低下された産業は東アジアの次の段階である国家に移転され、ここでまた競争力が低下されると次の段階の国家に移転されていく。その過程の中で先にいる国家の投資が重要な役割をはたす。小島清著『雁行型経済発展理論』文眞堂2003年を参照。
3) 韓国は、繊維・電子産業において、1960年代から輸入代替産業政策から輸出主導政策へと転換しつつあった。井上・浦田・小浜『東アジアの産業政策-新たな開発戦略を求めて』日本貿易振興会1990年を参照。
4) 浦田・大畑『アセアンの経済・日本の役割』有斐閣、1992年を参照。
5) 東アジアの奇跡は世界銀行によって名付けられた。それはこれまでの高成長が今後も長期的に続くといった楽観的な予測に起因する。しかしクルーグマンはそれに対して東アジアの奇跡はまぼろしと主張した。その根拠として東アジア全生産性要素の低さを挙げた。Paul Krugman (1994) "The Myth of the Asia's Miracle" *Foreign Affairs.* 73:6 (1994, Nov/Dec)
6) 中国が、食料および動物、飲料およびたばこに輸出に大きく特化しているのは、逆に輸入が少ないためであるといった指摘もある。中国は、土地集約的農業を保護する輸入代替的産業政策をとってきた結果である。深尾京司「中国の産業・貿易構造と直接投資：中国経済は日本の脅威か」、伊藤元重・財務省財政総合政策研究所編『日中関係の経済分析：空洞化論・中国脅威論の誤解』、東洋経済新報社、2003年、pp. 21-56参照。

7)

分類	HS1992コード番号
家電機器	8506,8507,8509,8510,8513,8516,8518,8519,8520,8521,8522,8523,8524,8528,8531,8543
通信機器	8517,8525,8526,8527,8529
電子部品	8532,8533,8534,8535,8536,8537,8538,8539,8540,8541,8542,8544,8545,8546,8547,8548
産業用機器	8501,8502,8503,8504,8505,8508,8511,8512,8514,8515,8530

8) 中国の国内産移動電話製造業者が製造・販売した製品は8割以上の製品がOME方式によって生産された製品であって、国内産移動電話製造業者は、未だ独自的に新製品を開発することができるほど、自主開発能力を確保していない状態である。趙炳澤「中国移動電話市場の構造的特徴と課題」、伊藤正一編著『東アジアのビジネス・ダイナミックス』御茶の水書房、2006年、86項。

9) 「チェンマイ・イニシアティブ」は2000年5月、タイのチェンマイで開催されたASEAN＋日中韓の財務大臣会議で外貨準備を使って短期的な外貨資金の融通を行う二国間の通貨スワップ取極のネットワークのことである。

10) 「アジア債券市場育成イニシアティブ」は2003年8月、フィリピン・マニラで開催された第6回ASEAN＋3財務大臣会議で、東アジア域内の債券市場に厚みを持たせて債券発行企業・投資家双方にとって使いやすい、流動性の高い債券市場を育成することにより、東アジア域内の豊富な貯蓄を域内の投資に活用できるようにすることを目的としている。

参考文献

【邦文】

天野倫文『東アジアの国際分業と日本企業：新たな企業成長への展望』有斐閣、2007年。

荒井利明『ASEANと日本－東アジア経済圏構想のゆくえ』日中出版、2003年。

井上隆一郎・浦田秀次郎・小浜裕久『東アジアの産業政策-新たな開発戦略を求めて』日本貿易振興会、1990年。

浦田秀次郎・日本経済研究センター編『日本のFTA戦略』日本経済新聞社、2002年。

河合正弘「東アジアにおける経済統合の制度化」『財務省委嘱東アジア研究会報

第6章 東アジア経済共同体の可能性

　告書』財団法人国際通貨研究所、2003年。
小島清著『雁行型経済発展理論』文眞堂、2003年。
谷口誠『東アジア共同体　全経済統合のゆくえと日本』岩波新書、2004年。
中村信吾・多賀秀敏・柑本英雄『サブリージョンから読み解くEU・東アジア共同体』弘前大学出版会、2005年。
山澤逸平「APECと東アジア共同体」『国際貿易と投資』No.72、国際投資研究所、2008年。
渡辺利夫編『アジアの経済的達成』東洋経済新報社、2001年。
渡辺利夫『成長のアジア、停滞のアジア』講談社、2002年。

【韓国語】

권 률 외(2005), 『동아시아 정상회의 진로와 대응과제』대외경제정책연구원.
권 률 외(2005), 『ASEAN+3 협력체제의 성과와 정책과제』대외경제정책연구원.
방호경(2007), 『한중일 3국의 하이테크 제품교역 특징 및 수출경쟁력 패턴 분석』대외경제정책연구원.
정인교(1995), 『FTA 시대에 어떻게 대처할 것인가』대외경제정책연구원.
정재완·방호경(2008), 『한-ASEAN 부품산업 분업구조 분석』대외경제정책연구원.
채희율(1995), 『유럽 통합의 문제점과 전망』한국금융연구원.
한국비교경제학회(2002), 『동북아 경제 공동체 구상: 이상과 현실』박영사.
한국비교경제학회(2005), 『동북아 경제협력과 경제특구』박영사.

第7章 「EU ―その統合と陥穽―」

はじめに

　経済共同体としての統合を図っていく過程で、その上位に位置する政治統合実現へ向けて、欧州連合（EU）は半世紀以上にわたりトライ＆エラーを繰り返している。今日、EUは共同体として認識されているが、時を半世紀ほど遡ってみれば部分的集合体という色合いが濃かった。今回は、いまだ実験的段階にあるEUの成立過程、多くの問題を抱えつつも政治統合体という理想に向け邁進してきた過程、および多くの西欧諸国がこの一大プロジェクトを支持し続けてきた原動力を、包括的な枠組みで捉え理解を深めることに狙いを定めている。多領域に渡るEUの一部を取り上げる形では実態を把握することは難しい。そのため、ここでは仔細に内容を追求するではなく、その史的展開の中で経済的統合と政治統合へ向けた展開、という二側面ある流れの中から大まかな出来事を捉え、それぞれを位置づけていく形をとっていく。世界初となる「国家の上に政治統合体を作る」超国家体への挑戦はどのように築き上げられてきたのか、その歩みを振り返る中でまだ発展途上にある共同体としての成功要因とその陥穽を探っていきたい。

　まず、現在あるEUという政治システムはどのように捉えることが出来るだろう。様々な見解が成される中、いくつか例を挙げてみると、１．EUは国際機構以上であり連合国家以上であり、それでいて条件付きで超国家としても位置付けられる（つまりは連邦国家である）とする見解。[1] ２．EUは、EUの政策が構成国により縛られている限りに

第7章 「EU —その統合と陥穽—」

おいては連邦国家未満であり、連合国家であるとする見解[2]。3．EUはマルチ・レヴェル・ガバナンスを行っているとする見解。4.EUは伝統的な国際機構以上ではあるが、加盟国の合意に基づく緻密な政府間機構であり、国際条約に基づく政府間機構であるとする見解。ここで各主張を取り上げ論じることはしないが、少なくとも解釈にばらつきがあることはご理解頂けるだろう。EUは国家であり、国際機構であり、連合であり、連邦としての性質も見られるが、少なくとも、現在のEUはヨーロッパの国家間条約により設立されている国際機構であることと、すでに国家から主権委譲を済ませている部分に関しては、超国家性を併せ持っている機構であるというまとめ方は出来る[3]。上記の通り、これまでの伝統的な解釈に照らし合わせて単純にその性質を捉えようとする限り、本質を見誤る。明確な位置づけをすることは非常に難しいが、多様な捉え方をされるEUだからこそ、真の意味で理解するには「矛盾」を受け入れ、EUと加盟国を同位置において理解を深めていく視点および姿勢が大切であることを、まず指摘しておきたい。

　昨今、一国家では果たしえない課題が山積みである中、「EUとして在ること」による意義と影響力は大きい。実際、特定の政策領域においてEUとしての優位性は働いており、多様な側面と資質を兼ね備える本機構に対し期待される面も少なくない。だが同時に、国家と競合する、またはそれを凌ぐ存在としてEUが在るわけではないため、現時点における統合は、「超国家」を目指すことを前提とするならば、道半ばではある。果たしてその未来が「超国家主義[4]」を目指すのか、やがてはヨーロッパという域を超えた「コスモポリタニズム[5]」へと向かうのか、あるはまったく別の路線で発展していくのか定かではないが、ウェストファーレン条約[6]以降、国家主権の枠を超えた新たな形態

153

でその統合が進化・深化しているのは確かである。

　これらを踏まえ、本章では、経済的統合からEU統合の流れを摑んでいき、そこに並行する形で同時期の政治的統合過程を盛り込んでいく。揺籃期であるEU（ECSC）の誕生から通貨統合までを第一期。成長期ともいえる単一通貨ユーロの誕生から世界的金融危機勃発前夜までを第二期。そして転換期であるサブプライム・ローンに端を発する金融危機から国家破綻という新たな危機を現実としてしまったギリシャ危機に至るまでの一連の動きを第三期とし、最後に現状のまとめと、このあくなき挑戦への展望を少しばかり加えたい。

ECSCからEUへ

　「ヨーロッパを一つに」という発想そのものは紀元前にまで遡り存在した。ヴィクトル・ユゴーなどは「欧州合衆国」という構想を人道的理念のもとに描いたが[7]、しかしどの構想も戦時下の理想にとどまり現実味には乏しかった。人々の中で漠然としたヨーロッパという地域概念は感じられても、今日みられるような個人のアイデンティティともなりつつある「ヨーロッパ人」としての自覚が見られることはなかったのである。

　それら理想を「欧州連合＝EU」として具現化する構想に至ったとする理由づけはいくつか見られるが、近年まで最もオーソドックスな理由付けとされてきた一つの見解は、ポリティカル・サイエンスの単純な適応から導き出された。つまり、戦後、一層複雑化した国際関係下においては、NATO、国連、GATTなどに代表される国際機関と相まって各国総合的な決定を下し実行出来る場（機関）が必要であったとする見方である[8]。一度統合機関が誕生すれば、そこからはさらな

第7章 「EU ―その統合と陥穽―」

る統合へと続く流れが生みだされるとしたこの学派は、1951年のECSC設立から始まり、6年後のEEC、86年の欧州単一議定書、そして92年のマーストリヒト条約の締結に至る一連の繋がりは、連邦国家へ向けての必要な過程を着実に構築している、とみなしてきた。だが、欧州統合の過程は徹底的に経済統合により推進されてきたものであることは、後述する内容からも見て取れるだろう。欧州議会が過去40年間一度も独自の法案を通したことがない事実一つをとってみても、政治力はあくまでも各国にある。また、判断および決定はECとともに欧州連合理事会によって総合的判断を下されるゆえ、この統合がそのまま推進されればやがては国家という枠をなくすものであるとする仮定は早急に過ぎよう。現在、彼らの説は納得出来るものと程遠いが、1960年代当時においては「もっともらしい理由づけ」としてもてはやされたりもした。[9]

　また別の視点として、EUを統合へ導いてきたのは欧州連邦国家主義者たちの活動が広まったことによるものだとする説もある。リプゲンズ教授などに代表されるこの説は、戦時中の英国連邦国家主義とレジスタンスの動きから欧州連邦国家を推進する活動家への流れが育まれたものとされ、それらが1945年以降、結果として世界初の超国家への第一歩に繋がる機関が設立された経緯であるとしている。

　だが、こうした政治学的見解は結果論に過ぎない面がある。凄惨を極めた二つの世界大戦を経て、「ヨーロッパ中を戦禍の渦に巻き込んだこの悲劇を二度と繰り返さない」とする強固な政治的意志が、フランス外相ロベール・シューマン、ドイツ連邦共和国首相コンラート・アデナウアー、イタリア首相アルチーデ・デ＝ガスペリ、そして英国首相ウィンストン・チャーチルらを動かしたのは確かだが、具体的な動きは経済統合に即した形で展開してきた。それは、彼らが欧州の復

権という政治的意図を形にする際に選択した最初の足掛りがシューマン宣言を通じた欧州石炭・鉄鋼共同体（ECSC）の設立であったことからも見て取れる。この「不戦共同体」という政治的象徴を佩びた機関のもと、石炭と鉄鋼の生産をドイツ・フランスの共同管理下におくことで双方にとって利益を生むようにした試みこそが、長年火種としてくすぶってきた独仏間の対立要因を取り除き、欧州の平和的復権と発展を図る礎となっていく。このECSCの設立により、その後も経済的統合を軸に統合推進していく流れが生まれた。「政治的動機で生まれ、経済統合によって推進されてきた」（島野1997）こうした姿勢こそが欧州統合の原点であり、現在のEUへの発展をリードしてきた原動力であった。

　それと同時に、戦後疲弊しきった西ヨーロッパの経済復興を後押しした国際環境要因も忘れてはならない。二つの世界大戦を通じ、主要国家間におけるパワーバランスは戦後大きくシフトした。周知の通り、これまで中心となって世界をリードしてきた西欧の大国に代わり、あらたに台頭してきたアメリカ合衆国とソビエト連邦、後に超大国と称され20世紀後半を牛耳ることになる二国の関係は、戦後、瞬く間に世界を席巻する敵対関係へと急変する。資本主義を押す米国と共産主義圏の拡大を狙うソビエト、イデオロギー闘争の要素を含んだ両者の対立関係は、朝鮮戦争勃発を機に決定的となっていった。なぜなら、この遠く離れたアジアでの戦争が「ドイツにおける38度線越え」の可能性を想起させ、否応なく東西ドイツの分かれ目であるベルリンを戦略上最重要拠点として巻き込んでいくこととなったからである。これ以降、NATOは対共産主義圏最大の軍事同盟として名実共に象徴的存在となっていき、時代は「冷戦」という特異な時代の幕開けを告げていった。

第7章 「EU ―その統合と陥穽―」

　この対立は、米国の「連邦国家としてのヨーロッパ」に対する立場にも変化を来たした。実際、1946年以前は前述した構想そのものに否定的であった同国だが、1950年を境に、その立場を急変させ、「ヨーロッパ連邦推進派」へと変えていく。欧州の経済疲弊による共産主義圏拡大の可能性を看過するわけにいくはずもない米国にとって、ワルシャワ条約機構の結成やベルリンの壁による物理的遮断などへの対抗のためにも、西ヨーロッパの一刻も早い回復と自立が急務となったからであった。以後、西ヨーロッパの経済復興を支援するマーシャル・プラン[11]など米国の強力な後押しもあって、世界が二極化した東西冷戦という特殊な国際関係構造の下でヨーロッパの復権に向けた経済共同体化が進められていくことになる。

【1949年～1990年までの略年表】
WWIIからマーストリヒト成立までのポイント：
- 1949：　マーシャルプラン（西側支援）
　　　　　NATO結成―東西冷戦へと突入
- 1951：　パリ条約―ECSC（欧州石油石炭共同体）誕生
- 1956：　二つのローマ条約―EEC（経済共同体への歩み）
- 1962：　CAP（共通農業政策）
- 1968：　対外共通関税の導入
- 1968：　域内関税勧善撤廃
- 1972：　スネーク（為替変動幅の抑制）
- 1973：　EMS設立→上からの政策頓挫
- 1981：　EC分裂危機
- 1985：　欧州単一議定書による市場統合計画の再建
- 1985：　シェンゲン協定（第一次：5か国）
- 1989：　ベルリンの壁崩壊―東西ドイツの統一
- 1990：　ソヴィエト連邦の解体

　だが、マーシャル・プランによる支援を土台として、西ヨーロッパがEEC（欧州経済共同体）などをベースに経済復興を遂げていくその一方で、ECSC各国は市場障壁が高いためにその経済規模を有効に活

157

用出来ない現実にも直面していった。生産技術部門においては対米格差が大きく、植民地独立の動きともあいまって、欧州各国は市場問題に直面する。この状況下で近隣市場の重要性が高まったものの、関税という名の貿易障壁が重く圧し掛かった。これが「単一市場」構想を実現に向かわせる最初のきっかけとなる。問題解決の突破口を求め欧州単一市場の設立についてまとめた「スパーク報告書」により、1950年代末から60年代にかけ、西ドイツが主に欧州の工業品市場を、フランスが農業市場を得ていくという新たな統合主導体制としての「独仏枢軸」体制が構築されていった。さらに1957年には二つのローマ条約（欧州経済共同体設立条約・欧州原子力共同体設立条約）における欧州経済共同体（EEC）の設立を受けて、今後の基盤となる関税同盟が形成されていった。その後も62年には共通農業政策（CAP）の導入を、そして68年には工業製品に課せられる域内関税を完全撤廃すると同時に対外共通関税も導入していった。この試みを予定より18カ月前倒しで完成させた事実をとってみても、いかに積極的に経済統合を推進してきたかが窺える。

　反してこの時代においては、軍事・外交問題に直結する政治的統合に関してまだまだ各国疑心がぬぐいきれず、軍事同盟に関する事項はとかく敬遠されがちであった。フランス国民議会の批准拒否にあい頓挫したヨーロッパ防衛共同体構想にかわり、西欧同盟（Western European Union）が地域的集団安全を保障する機構として作られはしたが、NATO傘下に属す西ヨーロッパの国々にとって、その機関は形骸にすぎなかった。その後も、冷戦下であったことによるほぼ無条件ともいえるアメリカの庇護もあり、結果、外交・軍事方面での統合は進むことがなかった。

　その間、経済統合はさらなる進展を見せる。1960年代末には完成さ

第7章 「EU ―その統合と陥穽―」

れた関税同盟の波に乗り、滞りがちな政治統合の後押しをすべく、さらに1970年代には、次の10年をかけて通貨統合を果たすべく勢い込んだ計画も策定された。その野心的な計画、「ウェルナー報告（経済通貨同盟の詳細な計画）」の作成にかかわったハンス・ティートマイヤー氏はこの時点で『通貨統合は政治統合の触媒にならねばならない』（ティートマイヤー2012）としていたのだが、最適通貨圏構想は実施可能とされていたものの統合基盤が不十分であった。その最低条件となる「独立した中央銀行の創設」および「経済の共通意思決定機関」の設立のうち、後者をフランスが議会を通せないとして必須条件の一方が拒否されてしまう。結果、その代替案として、1972年4月にEEC加盟国の自国通貨の為替変動幅を2.25％以内に抑えるという為替変動幅縮小計画、いわゆる「スネーク」計画が導入されるが、そのための構造改革を先送りしたことに次いで、被さる様にして起きた第一次石油ショックなど外的要因にも見舞われ、計画は大きく頓挫してしまう。この頃、もとより国家主権を色濃く主張してきた、ECに加盟したての英国はおろか、中核メンバーであったフランスさえも計画から離脱してしまい、通貨統合は事実上空中分解する。農業共同市場に関しても、域内高価格支持制度保持のために必要以上に費された予算の分配を巡り、対立が深まっていった。原因としては、トップ・ダウン・アプローチによる強引な統合化政策が、市民の理解を得ることに失敗しただけではない。例えば74年に導入された直接普通選挙による欧州議会選挙の実施など、理念先行の諸政策もかえって重荷となっていった。これに、景気後退、失業の増加が重なったことで一種のペシミズムを巻き起こしていく。1980年代初め、ロンドン・エコノミスト誌が「ECここに眠る」の墓標を表紙に掲げた事実から見ても、経済統合の行き詰まり具合が窺い知れよう。[13]

一方、国際舞台上においては、1973年の東京ラウンドにおいて初めてEC単体として意見表明するなど、この頃から徐々にマルチラテラルな交渉において超国家性を有した一代表としての立場を前面に出し始める。そして1980年なかば以降になると、情勢は一変した。欧州諸国は経済の長期低迷を打開すべく、経済障壁を撤廃し広範な分野で国際寡占競争を展開する必要に迫られていたわけだが、その大きな打開策となったのが1985年以降動き出した「単一欧州議定書」による市場統合計画の再開であった。同時期、ゴルバチョフ書記長による国内優先政策「ペレストロイカ」が結果としてデタント（緊張緩和政策）に繋がり、東西冷戦の緊張が弱まっていた。さらにこの時期、世界経済が転換期に差し掛かっており、「経済自由化」、「規制緩和」および「グローバリゼーション」への動きが広がっていったこともそれを助長した。域内関税の全廃および対外共通関税を実現した効果は、従来関税障壁が存在したために成しえなかった様々な恩恵を域内にもたらすこととなった。設備投資による労働生産性の上昇が実質賃金の上昇に反映され、そこからくる実質所得と消費の上昇がさらなる設備投資へと繋がる好循環を生んでいき、これら域内競争と域内貿易の豊潤な利益が、後の93年初めの「単一市場」の実現に繋がっていくことになった。

　ここで、単一市場とは何かを見ておきたい。これは単一欧州議定書によれば、「財、サービス、資本、人が自由に移動する、内部に国境のない地域」を指すが、それは、関税障壁と非関税障壁の双方を全廃することにより初めて実現する。関税障壁の撤廃のみ求めた場合、国境を通過する商品への課税を止めるだけで済むが、非関税障壁の全廃となると簡単にはいかない。財のみでなく、サービス、資本、人の自由移動の障害を全撤廃しなければならないため、国内の法律や制度の

第7章 「EU ―その統合と陥穽―」

大幅な改正が必要不可欠となってくるからだ。

　80年代以降、経済統合の基盤を固めるべく、単一市場計画（One-Market）がスタートした。経済通貨同盟（EMU）確立のため、またECにおける単一市場のメリットを最大限活かすために単一通貨の導入は不可欠との認識から、ドロール報告書にて3つの段階を経てEMUを実現していく方策がとられる。その第一段階として掲げられた非関税障壁の撤廃は、上位レベルからの押し付けをして破綻をみた70年代の経済統合への失敗を教訓とし、今度は市民に近い下位レベルの行政体が政策を担当し、必要な政策のみを上位レベルの政府に引き上げる「補完性の原則（Bottom-up）」を採用していった。つまりは、市町村から州・県、そこから国、さらに必要であればEC・EUにあげていくボトム・アップ・アプローチを採った。上位統治機関の機能を可能な限り制限し、下位統治機関の機能を補完する原則を守り、市場を統合するうえでEUが指令を下すのは必要不可欠である中核部分だけとし、それ以外の部分については、各国の法、規定、規格など、それぞれにゆだねた形で時間による圧力をかけない方策をとっていった。また、理事会の特定加重多数決制を市場統合関連法令に適用。こうすることにより、従来の全会一致制では実現不可能とされた、300近くのEC法令を1985年からの7年間で採択していく。新たに視座を入れ替えることで、より現実的なアプローチでの統合を図ろうと試みた結果、工業基準などの違いを統一化し、700種以上の規格品を標準化することにも成功していった。

　さらに、1985年に採択された「シェンゲン協定」（人とモノの移動の自由）においても、加盟国内であればどこでも移動出来ることを保証することに成功した。この「最低限の調和」と「相互承認」を軸に、物理的障壁・技術的障壁・税（財政的）障壁を無理のないふさわしい

形で撤廃していった。さらにこの時期、新機能主義的考えによる一つのセクターから次のセクターへ影響を及ぼす、国家を超えた組織間の行動により更なる統合への動きが加速されるカスケード現象（Functional-spill-over）が下支え役を果たすことにもなった。[15]こうして最終的なEMU構想の創設に向け、共通の経済通貨政策を実現するため、段階的に各国の意思決定権をEU自体に権限移譲していくための基盤を固めていった。大事なのは、その権限を移譲するにあたって、ある程度の自主性を各国にゆだねることであり、法的権限に関して国内と共同体とのバランスを保つことである。その成功を見る限り、根底指針として「補完性の原則」は有効に働いてきたといえるだろう。各国経済の収斂がない中では為替も安定せず、その先にある為替固定からの単一通貨という統合プロセスも実現不可能だ。こうした基盤となる土台作りの成功があってこそ、この後、単一通貨発行を含む、経済・通貨統合の基礎を固めた欧州連合が形成されていく準備ができたといえよう。

EU（欧州連合）の誕生

　1991年、マーストリヒト条約のもと、EUが発足した。これにより、これまで単独で動いてきた各機関が大きく統合され、EUの下、三本柱を軸にそれぞれの機関が的確に役割をこなしていける枠組みが作られた。そして続く93年には単一市場が始動する。

　まずここでEUの要となる三つの柱について簡単に記しておこう。一つ目の柱はECの流れを汲んだ「欧州共同体」である。マーストリヒト条約における関税同盟により、域内税関が取り払われ「単一市場」がスタート、これが単一通貨への下地を整えた。また1990年のシェン

ゲン追加協定により、人の自由移動が盛り込まれ、これが1994年以降にすべての資本移動規制の禁止を実現するに至り、EU域内での人・物・資本などの移動が活発化する。加速化したグローバリゼーションの波に乗って、企業活動は本格的に国家を跨って活躍していく動きへと傾倒していった。

　第二の柱は「共通外交・安全保障」の柱である。東西冷戦下では無条件に最重要視されてきたベルリンを主要軍事拠点とするヨーロッパであったが、ベルリンの壁の崩壊に続くソビエト連邦の解体と目まぐるしく変化していく世界情勢に伴い、その戦略性優先順位は大きく低下した。対共産主義のために結成されたNATOの西ヨーロッパ防衛に対する意義の薄れ、さらに冷戦の終結による国際パワー構造の急変に伴い、これからの欧州をどのように守っていくかという新たな問題が浮上する。この安全保障論議が、戦後間もなく頓挫したまま進展の気配を見せずにきた共通の軍事同盟について再考する転機となり、欧州軍設立の動きに向け議論が活性化した。ヨーロッパの分断に終止符が打たれたことにより、東西統一間もないドイツに対する脅威も感じていたフランスなどは、東西統一ドイツを取り込んだ共通の外交・安全保障政策を早急に確立させたかった面もある。加えて、経済基盤が整い相互利益を享受する中、各国間の信頼が生まれていたことも共通安全保障政策を進める後押しとなった。共通外交・安全保障政策（CFSP）の設立は、その後97年に、ビザ・庇護・移民改正などの条約を盛り込んだアムステルダム条約においても強化され、将来のCFSPをより深化させていく土台となった。

　第三の柱は、警察協力・難民対策などにおける各国協調を目的とした「司法・内務協力」である。EU内の組織犯罪やテロ撲滅（特に2001年以降）を掲げ、加盟各国の警察当局が緊密に協力し合うことを可能

とする体制の整備などを進めていく方針をまとめ上げた。これに乗じ、各国ばらつきのあった法律を必要な分野から少しずつ改正を進めていくこと、各国警察組織の協力を取り付けることなどを盛り込み、基盤を整えていった。同時に「誰もが法の下、平等に保護を受けることができる欧州」を目指し、各国政府は一層連携を密にしていくことを確認。さらに、欧州警察機関（Europol）など、諸機関の創設により捜査協力や情報交換などの基盤を整え、より効果的な各国協調体制を敷いていく。こうした制度面での下地整地作業は、これまでの武力による（ハードパワー）一辺倒できた核の恐怖時代が幕を下ろしたことで、ある種、これまでとは異なる「武力によらない政治」（ソフト・パワー）、いわば法的枠組み・秩序・慣習・文化などを通じて政策を推進していくことを用いたヨーロッパ主導の「国際関係ルール作り」を牽引する材料ともなっていった。

経済統合　―ECBの設立と単一通貨ユーロ―

　マーストリヒト条約の下でEUが発足したことにより、三本柱を軸にそれぞれの機関が発展を遂げる。特に世紀をまたぐこの時期、欧州中央銀行の設立そして新通貨ユーロの誕生など、経済統合における発展は順風満帆で、こうした経済的余裕が欧州の拡大路線への傾倒にも繋がっていく。

　ただ、マーストリヒトの調印に繋がった通貨統合への道筋には、政治統合のアイデアが欠落していた。超国家的な通貨機関の設立にあたり、基準を満たすことで統合への参加を許可する方針が定められ、経済政策を各国の責任に委ねる形とした構想には、政治統合との領域分けをする意図が見え隠れし、かつて70年代に話し合われたウェルナー

第7章 「EU ―その統合と陥穽―」

構想とは異なる意思で進んでいく。ハンス・ティートマイヤー氏は「経済統合と政治統合をわけることは危険」であると当時警鐘を鳴らしていたのだが、この意見が実感を持って受け入れられるのは世界中が痛手を被った金融危機後の話であった。[16)]

　1998年、欧州中央銀行（ECB）が誕生した。悲願であった単一の中央銀行創設は、主目的をユーロ圏の物価安定とした上で、利子率に関する決定には政策的干渉を受けない、とするドイツモデルが採用された。[17)] 物価安定の指標としたインフレ率目標水準は3％以下。インフレによらない経済成長を掲げることで、欧州連合の経済政策、雇用の創出を支援していく方針が定められる。この機関の設立により、ユーロ圏の金融政策を担うべく、国家の権限であった通貨発行権を委ねていく準備が整い、いよいよ本格的に経済統合の象徴の一つである通貨統合と単一通貨の発行が実現する段階に至った。

　次いで99年、新通貨ユーロが誕生した。800億枚を超えるユーロ硬貨が世紀末に出回ったことは記憶に新しい。マーストリヒト条約調印からわずか10年で歴史上類を見ない大規模な単一通貨の導入が実現したことは、90年代初めには少なくとも後20年以上はかかるだろうといわれていたことからしても偉業である。この通貨統合に参加するためにはいくつかの基準をクリアしなくてはならなかった。まず、為替相場変動メカニズム（ERM）に参加している必要がある。また、目標として、財政赤字は国内総生産（GDP）の3％以内でなければならない。ギリシャは（後に不正が発覚するが）、2001年時点では参加基準をクリアし、12番目の参加国としてユーロに移行している。ユーロが成功裏に導入されたことによる欧州市民の単一通貨に対する信任と欧州人としてのアイデンティティが高まる一方、1999年1月のユーロ導入国決定段階では、ERMに不参加だった国々もあった。中でも、イギ

リス、スウェーデン、デンマークの三国はユーロ参加への保留権を得たまま、2013年現在も自国通貨を使用し続けている。

　ユーロ誕生後さまざまな懸念は指摘されていたものの、金融バブルによる経済成長も手伝い、すべては順調に見えた。この時点で単一通貨の統合は早すぎるとする説も当然あったが、その議論が噴出し、真剣に話し合われるようになるのは金融危機以降である。ただ、この数年後経験することになる危機の温床となる要素は孕んでおり、蓄積されていった。中でも主要国間の経常収支の乖離はその一つである。大国ドイツの一人勝ちが続く中、他国（特に南欧州の国々）は、経常赤字を膨らませ続けた。通常、固定為替相場制下では国際収支の赤字を長期に渡り継続することは出来ないが、単一通貨となったユーロ圏各国にはこの作用が働かない。当然、先に挙げた「守られるべき基準」は設けられていたが、是正機能が働かない中での最終調整は各国のモラルに委ねられていたのが現実であった。欧州通貨統合の10年は、不均衡の拡大の10年ともいうことが出来き、不均等な成長、生産性格差の拡大と賃金・物価格差の問題に加え、先にあげた国際収支（経常収支）赤字に関する縛りを入れた枠組み作りなど、多くの課題を残してきた。これらの是正に加え、後に浮かび上がる財政統合の問題が解決しない限り、真の経済統合には至らず、まだ統合への改革は道半ばといえよう。

EU拡大

　2000年から数年間、経済的に安定した時期が続いたが、この間はEU拡大に向けても大きく前進を見せた時期でもあった。拡大に伴う機構改革に関し取り決めたニース条約の下、27カ国体制に向けての整

第 7 章 「EU ―その統合と陥穽―」

備も進む。アキ・コミュノテール[20]の保持と発展の義務を全EU加盟国が負い、さらにコペンハーゲン条約時に新規加盟国はこの基準をすべて受け入れるとしたことにより、今後のさらなる深化・統合に向けて各国はその土台作りに勤しんだ。

しかし、東欧10カ国の加盟決定により、これまで曖昧にされてきた「欧州」としての地理的境界線にも限界が見えてきた。ウクライナ、ベラルーシなどと隣接するに従い、大国ロシアも目と鼻の先となり、中東の入り口と言われるトルコ、アフリカなどとも境界線が近づいた。このような状況下、いまだどこまでを「ヨーロッパ」と定義するかについては見解が分かれ、不明瞭のままである。ウクライナ・ベラルーシについてはNATOへの加盟に関しても悩みの種となっており、ロシアとの関係悪化を防ぐ意味でも慎重な対応にならざるを得ないのが現状だ[21]。次いでアフリカだが、同大陸をEUとして捉える発想や構想は現在見られないものの、その歴史的関係は深く植民地時代に伝播していった伝統や慣習などで受け継がれているものも多い。関税撤廃の合意にも至っており、これまでの債権国―債務国の関係から、新興国（中国・ブラジルなど）の後押しもあり、少しずつ貿易・投資を通じた経済協力パートナーへと変容しているさまが見てとれる。トルコに関しては、同国がすでに30年近くEU加盟を望んできているが、その加盟交渉は85年の申請以来ずっと保留されたままとなっている[22]。長年明確な理由はあげられないまま、EUへの扉を閉ざされてきたトルコとEUの関係は一時最悪となったが、宗教の違いが横たわる中、今後も受け入れは難しいとみられている。またトルコ側の視点からも、トルコ自体がもう少しEU（西洋）的考えを理解する必要があるとされる反面、独自の多様性をもったトルコとしての立ち位置こそが強みであり、中東諸国、中国、東南アジアなど、新興国の台頭と、地理的条件

※別表1　加盟国の参加基準（2009年10月時点：クロアチアの加盟プロセス進捗表）

CROATIA state of play: 2 October 2009	negotiations opened	negotiations closed
1 free movement of goods	25 July 2008	
2 freedom of movement of Workers	17 June 2008	2 October 2009
3 right of est. & freedom to provide services	26 June 2007	
4 free movement of capital	2 October 2009	
5 public procurement	19 December 2008	
6 company law	26 June 2007	2 October 2009
7 intellecyual property rights	29 March 2007	19 December 2008
8 competition policy		
9 financial services	26 June 2007	
10 information society and media	26 June 2007	19 December 2008
11 agriculture and rural development	2 October 2009	
12 food safety, vet. & phytosanoitary policy	2 October 2009	
13 fisheries		
14 transport policy	21 April 2008	
15 energy	21 April 2008	
16 taxation	2 October 2009	
17 economic and monetary policy	21 Dec 2006	19 December 2008
18 statistics	26 June 2007	2 October 2009

を照らしてみても、架け橋的位置にいるトルコにとって年々EU加盟の魅力は薄れているとも言われる。[23]

　2013年7月にはクロアチアの加盟が決定した。拡大に関しては限界があるとする見方は多くの識者に共通しているものの、それがどこまでを含むかは曖昧なままである。候補国としては現在、マケドニア・旧ユーゴスラヴィア・モンテネグロ他、旧ソビエト連邦諸国であるウクライナ・モルドバなどもあげられている。2003年テッサロニキ欧州理事会においてバルカン西部の統合を今後の優先課題とする方針が決定し、今後数年内にはこれら国々が加盟してくる可能性は高い。拡大を優先すれば前記に挙げた統合深化の格差問題は増幅しかねない。拡大と深化の調和問題を含めて今後の拡大を見守って行く必要があろう。

第7章 「EU ―その統合と陥穽―」

政治統合への展開

　さて、ここでEUの同時期における政治的要素の展開についても見ておきたい。経済共同体への一歩を確立したEUではあるが、マーストリヒト以降、主要な外交関連事項にどれほどの影響力を誇示出来、国際的にどれほどの貢献が叶ったのか。冷戦終結以降、EUは本格的な経済統合と同時に政治・外交面での機能充実を目指すべく動き出したが、先の経済統合の成功と比較しても、政治統合体としての結束が遅れてきたのは明らかだ。その一因として挙げられるのが、1990年初頭に勃発した、俗にユーゴスラビア紛争と称される、凄惨な二つの紛争である。20世紀最後の10年を暗鬱とさせたこの出来事は、まだ機能も体制も準備も出来ていないEUに直接的対処を迫ることとなった。さらに、2001年アメリカ同時多発テロを引き金に始まったアフガン・イラク戦争などにおいては、共同体としての共通外交能力の限界を露呈する結果ともなった。

　1992年から戦闘が本格化した、ボスニア・ヘルチェゴヴィナ紛争では、劣勢であったボシュニャク人・クロアチア人支援のため、94年にNATOがこの戦闘に本格参入した。しかし、国連保護軍兵士拘束事件をきっかけに、国連保護軍に自国兵を派遣している英仏はさらなる空爆に反対、空爆を推進する米と対立する形となり、NATOは一時機能不全に陥る。カーター元米大統領によってこの事態は打開されたが、その後、セルビア側は1995年7月に国連が指定していた「安全地帯」へ侵攻し、組織的に8,000人以上が殺害された「スレブレニツァの虐殺」を強行する。同年12月、内戦の末、独立性を持つ国家体制が併存する国家連合として紛争は終結するも、死者20万人、難民・避難

民200万人を出してしまう大惨事となり、第二次大戦以降ヨーロッパ最悪の紛争として歴史に暗い影を刻むこととなった。

次いで1997年から戦闘が本格化したコソボ紛争では、平和的解決を図ることも、アルバニア人の虐殺を食い止めることも出来なかった。ニューヨーク・タイムズ紙が報じたところによると、この紛争におけるアルバニア人死者および行方不明者の数は50万人に上ったという。

上にあげた二つの紛争において共通するのは、NATO（主に米国）および国連軍が中心となって何がしかの成果をあげたことはあっても、EUとしての成果は無きに等しかったことである。イギリスやフランスなどが参戦してはいるが、それはあくまでも「国連軍として」であり、「NATOを通じた一国家として」であるに過ぎなかった。1992年の西欧同盟により、ペータースベルク・タスクが採択され、人道支援・平和維持活動・和平形成のための部隊派遣など、情勢が不安定化しそうな東ヨーロッパに向けた具体策を備えておいていたにも関わらず、である。コソボ以前においては「ボスニアは（事態が起こるのが）早すぎた」（Pond 1999）との言い訳もなされたが、その後の紛争にも対処出来なかったことで、EUはその無力さ痛感すると同時に曝け出す結果となってしまった。EUが平和的解決を図る有効な手段の一つとして掲げてきた理念である「ソフト・パワー行使による事態の解決」はこうした事態になんら有効性を発揮することもなく、ジェノサイドという最悪な結末を許してしまった。加えて、西欧同盟自体が固有の軍隊を保持しておらず、加盟国間での協力に依存する体制をとっていたため、EU軍として効果的軍事介入を果たすこともないまま苦虫を噛み潰す結果となった。バットがいうように、「介入はいつも遅すぎる」のである（Batt 2004）。

こうしたボスニア・ヘルツェゴビナおよびコソボでの失敗は、これ

第7章 「EU ―その統合と陥穽―」

までEUが主導してきたソフトパワーによる平和的解決に疑念を生じさせることになり、後ろ盾としてのハードパワーは牽制や脅しに有効であり必要であるとする見解がEU内で大勢を占めるようになる。それはまた、その後の共通安全保障・防衛に関する論議を一変していくきっかけともなった。NATO率いるアメリカが、「ヨーロッパにおける全ての危機に当然関与するわけではない」と宣言したこともこうした論議に拍車をかけた。[25]1997年に調印されたアムステルダム条約では、ペータースベルク・タスクに基づく共通安全保障防衛政策の漸進的な枠組みを示し、続く98年のサン・マロ会談における「ブレア・イニシアチブ」（英の方向転換）でさらにアプローチの見直しは大きな前進を生む。当時の英首相トニー・ブレアと仏大統領ジャック・シラクが「欧州連合は、国際的危機に対応するために、信頼性のある軍事力とその行使を決定する手段に裏打ちされた、自律的行動のための能力を保有しなければならない」とした声明を出すが、この声明はこれまで共通防衛に一線引いてきたイギリス側の欧州安全保障防衛政策に関する合意を取り付けたことだけをとってみても、大きな転機となった。[26]さらに99年には、欧州安全保障防衛政策の軍事力増強策の具体的な第一歩として、ヘルシンキ目標が加盟国間により調印されるに至る。一方で、EUにおける固有の安全保障の柱が独立したことによるNATOの地位低下を懸念した当時の米国国務長官オルブライトは、サン・マロ会談を受けて、3つのDを表明した。すなわち、NATOとの行動重複（duplication）を避けること、NATOの機構を分断する行為（decoupling）をしないこと、欧州非加盟国を差別（discrimination）しないことである。同様に、作戦に関しても優先権を明示し、NATOが行動を拒否する場合に限り欧州連合が行動の決定を独自に下すことができる、としている。軍事的・戦略的利益を守るため、NATO

との協力は必要かつ不可欠である。しかし、民主主義が脅かされることに対する砦としてNATOとの友好関係の継続が切り離せないものであるにせよ、EUが単独の勢力として果たしてどこまで国際的に通じるかについては依然不透明である。実際、2003年末に欧州理事会で「欧州安全保障戦略」が導入されたことにより漸くヨーロッパの共同安全保障戦略は具現化してきたが、それでも実践における成果は未知数のままだ。

　2001年以降火ぶたを切ったアフガン・イラク戦争に関しては、先にあげた二つの紛争とはかなり様相を異にする。この戦争は、国連の武器査察団による査察を継続すべきとしたフランス、ドイツ、ロシア、中国などがそろって攻撃反対を表明していた中、米国・英国はそれを押し切る形で開戦した。EUにとってのこの戦争における問題点をあげるとすれば、域内の政策合意を形成できずEU自体にその開戦を止める力がなかったことだろう。総人口数・総経済規模においていまや唯一の超大国であるアメリカを凌駕するまでになったEUではあるが、またまた外交面における某かの生産的な行動と成果には結びつかなかったのである。また、ドイツ・フランス対イギリスという内部分裂も起き、結果としてマーストリヒト以降約15年、政治的な統合の象徴たる軍事外交面においてEUとしての結束を世に示すことは出来ずに終わり、イラク戦争も終結を迎えた。

　こうした外交・政治面での失敗点を反省し、教訓を生かすため、今後は有効なソフト・パワーによる道を模索すると同時に、マルチラテラルな価値観の共有、人道的支援、さらには環境政策やエネルギー問題についてもより包括的に取り組んでいく。EUはここに来てようやくそのための内政の充実に努めるとともに、外交・安全保障をより強化していくべく体制強化に転じる。特に安全保障を脅かすテロ・組織

第7章 「EU ―その統合と陥穽―」

犯罪に対する国家間の指針を整備。さらに軍事・外交と切り離せないエネルギー問題に関しても、エネルギーの安定供給をともなう安全保障の道を模索していく方針で一致した。これまでエネルギー資源の多くをロシアに頼ってきたEUだが、ロシアの残存埋蔵量は非公開であり不確かで不安定な要素として懸念されてきた。米国発のシェール・ガス革命により西欧諸国からの資源輸入が見込まれる一方、アメリカの約2倍はあるだろうとされる天然ガス埋蔵量を誇るアフリカも、今後の新たなエネルギー資源の供給地域として有望視されるようになってきた。[27] エネルギー需給に関するリスク分散は、これまでのエネルギー事情とそれにかかわる外交の構図を一変する可能性を秘めており、EUも着目している。同時に、自前の再生エネルギーの開発促進とエネルギーの効率供給と消費に向けた域内エネルギー市場の自由化を進めつつある。数社により価格統制されがちだった体制を一新し、2007年には7月には消費者にEU域内のどの供給者からもエネルギーを買い取れる法的権限を定めたことにより、内需エネルギー市場の自由化の完成に向けて動き出し協調を深めていく方針を定めた。この分野においては、協調と成果が着実に積み上がってきている。[28]

リスボン条約による新たな展望

　既述のような紆余曲折は経ながらもいよいよ経済体と政治体とのバランスを目指して統合作業を進めるステージにまで来たEUは、2009年のリスボン条約の発効とともに、新体制へと移行し、本格的な政治統合実現に向けて歩み始めた。

　リスボン条約の発効にともない、全体的な組織再編が行われ、欧州の総合的統合へ向けて新体制が動き出した。この条約は、EUと加盟

国間を垂直的に権限配分したことのみでなく、EUの中核となる価値観、そして諸機関の効率的な連動を合法的枠組みに適合させたことで市民の意見を反映しやすい形に変えた。ニース条約以前、EU条約と欧州共同体条約の二分割を前提として規定されてきた欧州理事会もリスボンで解消され、これまで欧州理事会がおこなってきた共同機関の主要人事や理事会では解決できない問題に関しても基本的対応に変化がみられることになった。さらにこれを機に、多くの手続きも明文化されるに至った。まずはじめに、政治的統合に向けた大きな前進として挙げられるのが、「常任議長制度」の創設である。これまで外交関連もその一翼を担ってきた議長は、加盟国間において秀でる立場ではあったものの、半年ごとの輪番制であったがゆえに成し遂げられることがあまりに少なかった。これに対し、「常任議長制度」の創設は、一定期間各国代表を束ねていくリーダーとしての役割を明確に与えられたことからしても大きな意味をもつ。二年半の任期を持ち、かつ再任が一度だけ可能である本ポジションは、その任期の長さに比例し腰を据えた中長期的政策にも関与が出来、一定の影響力を与えられ得る。ただし、常任議長は投票参加権限を持たず、対外政策に関する権限も新設された「外務・安全保障政策上級代表」の権限を超えることのない程度と明記されているため、事実上どこまで影響力を行使し得るのか、その程度については若干の疑問は残している。この新たなポストを「EU大統領の誕生」と見るか、単なる「議長の常任化」でしかない、と見るかについては見解がわかれるところだが、それでも、常任議長制度の導入は欧州理事会に組織上のコアを与え、活動の継続性の確保が期待できるものとした点において大きな意味を持っていよう。

　もう一つ、リスボンの大きく前進した点としてあげることが出来るのは、マーストリヒト条約の際に導入されたEUの「三本柱構造」

第7章 「EU ―その統合と陥穽―」

(「欧州共同体」「共通外交・安全保障政策」「警察・刑事司法協力」)の解消に伴う機関の再編である。この三本柱構造の解消により、すべてがEUのもと一元化されたことになる。[30] その他、人権保護についても、従来、人権尊重、民主主義および法の支配を「加盟国に共通する原則」としてきたものを、「EUの価値」とするなどして、より一層強化しているところも興味深い。新たに設置された欧州対外行動局に関しても同様だ。リスボンより外務・安全保障政策上級代表のもとに、いわばEUの外務省が出来たことになる。以前から「EUと外交問題について話し合いをしたいと思っても、連絡先を一つに絞れない」(Kissinger 1994)などと元米国国務長官のキッシンジャーが揶揄してきたが、これにてようやくEUは一つの意思決定機関のもと、本格的な外交活動を展開できる下地を整えたといえる。ジャスミン革命などに代表される北アフリカの動き、中東における民主化への動き(通称「アラブの春」)など、外交における無視し得ない課題は山積みだ。こうした予期せぬ事態に対処できるか、そのトップに就いたキャサリン・アシュトン外務・安全保障政策上級代表率いる欧州対外行動局はその能力を試されることになる。しかし、これまで教育分野を専門としてきた彼女の外交に対する能力そのものについて未知数なところも多く、既に方々で痛烈な批判も出始めている。[31] 現在、ユーロ危機による国家破綻の現状が他の何にも増して優先課題となっているため外交問題はとかく中心議題から外れがちではあるが、それはすなわち休息を意味するものではない。むしろ近隣地域との新たな関係性の構築は喫緊の課題として差し迫っている。「民主化と繁栄へ向けた南地中海との連携」がアシュトン代表によって唱えられたが、これらの礎を構築するために今こそEUのソフト・パワー主導による外交力を駆使して動き出さなくてはならないだろう。近隣諸国とのつきあい方に関しEUに

望まれることは、経済に基盤をおいた統合と一貫性のある政策を打ち出していくことによる「安定を通じた融和を図っていく方針」にある[32]。

　いずれにせよ、リスボンの可能性を存分に活用することで、各国の外交・防衛に対する価値の相違はあれ、論理的な協調により、今後、一層包括的な外交政策を実現していける可能性は高まった。リスボン条約は、政策過程における新たな機構的枠組みを設定したことで、今後EUが機能的に各機関をまとめあげ、よりスピーディーに的確な方向性をもって動けることを可能にしたといえよう。

金融危機の全貌と実態

　アフガン・イラク戦争も終結し、2007年に入った。軍事面における懸念材料の一つが片付いたことにより、内部分裂を起こしていた英対独仏枢軸も多少緩和されていく。その余裕の出てきたところで、遅れていた政治面の統合を狙い、2007年には欧州理事会において先にあげた新条約（リスボン）の枠組みも合意に至った。だが、まさにその矢先に米国発の金融危機が飛び火し全世界に襲い掛かることになった。世界を震撼させ、今でも様々なフィールドでその後遺症を色濃く残す世界金融危機は、経済的統合を中核としたEUの脆弱な面をさらけ出すこととなった。経済統合の構造的問題を浮き彫りにされたEUは、改革半ば、それが幾度目となるとは言え、発展計画の大きな頓挫を余儀なくされてしまう。

　世界的金融バブルがはじけ、2008年10月のリーマン・ショックを契機に世界中がパニックを起こしたことは記憶に新しい。世界金融危機と称されるに至った本問題は、これまでのように一国内における住宅

バブルがはじけただけにとどまらず、世界的な信用収縮を招き、果ては国家破綻危機という未曽有の事態にまで連鎖した。2000年以降、めざましいIT技術革新によりこれまでつきまとってきた「金融リスク」が、複雑な計算を可能にしたことにより理論上リスクを限りなくゼロに分散することが可能である証明がなされる。この数学とITテクノロジーの融合による産物、「リスク分散」（ポートフォリオの形成）は、当時金融工学の最先端として大いにもてはやされた。しかし、この編み出された完全な「リスク分散」が、金融取引の主要なリスクの1つである価格変動リスクに限られていたにもかかわらず「完全なリスク分散」という前提が一人歩きを始め、その結果、世界は100年に一度と謳われた金融バブルの崩壊による大恐慌に巻き込まれていく。

　発端となった米国のサブプライム・ローンと呼ばれる低所得層向けローンが一国内の問題を越え、深刻化するに至った背景には、住宅債権の証券化（ABS）、そのまた再証券化（CDS）など、IT技術が飛躍的進歩を遂げたことによる高度に複雑化した金融商品・金融派生商品の台頭によるところが大きい。リスク分散という名目のもと、証券の細分化が行われていき、これに高い格付け（レーティング）を付けることで信用を高めた。これにより実態の見えづらいプール化された金融派生商品が世界中に出回り次々と取引されるようになっていった。それは世界中の銀行・証券会社も例外ではなく、レバレッジのきいた金融商品を格付けされた評価を基準に売買していった。このレーティングに対する過度な信用がやがて裏で癒着問題を定着させていく。各商品の価値が上がり続けているうちは問題は生じない。しかし、一度その価値が下がり始めると関連証券は売りパニックとなる。紙上の価値でしかないかもしれない不安が、売りによる更なる売りを誘発し、結果としてそれは優に一国家予算を超える巨額なものとなった。一旦、

下落サイクルに陥ると、もともと返済能力のない人々の個人デフォルトにとどまることなく、資産担保を保障していた関連会社から複雑にからみあった銀行まで、一挙に世界を金融パニックに陥れた。お金の貸し出し機構として存在する銀行も、当然投資運用もしており、不良債権と化した証券のごみの山に何の価値も見いだせないまま危機的状況となる。銀行は、いつでも貸せる・返済できる額を一定額に保っているからこそ信用があるため、一つの銀行がつぶれることによる影響は甚大だ。英国の大手住宅金融銀行であったノーザンロックを例にあげると、銀行間貸出のみならず、銀行自体の信用不安によるパニックが連鎖反応（Contagion Effect）を引き起こしていった事実が見てとれる。それでも、これまではその莫大な不良債権を政府が引き受けるなどすることで、一国家内の問題として銀行間の信用収縮連鎖を止め、事態の収束を図ってきた。中央銀行の、つまりは国の返済能力を信用として、最後の一線を超えずに済んできたのである。今回の危機にあたっては、沈静策の第一弾として、米国は金融機関の救済を含め70兆円規模相当の資金を投入したが、世界が負担出来る上限額以上の巨額な投機マネーによる暴走は、もはや中央銀行や一国家の能力で片付く規模ではなくなっていた。G20による協調介入なども実施されたが、一度失った信用を容易に回復できるものではなく、市場の不信はくすぶり続けた。

　その余波を世界中へと連鎖させることになった金融危機が、やがては米国と緊密な関係にあるヨーロッパ経済に致命傷を与え、これまでひた隠されきてたさまざまな問題とからむことで、ギリシャなどにみる国家破綻という最悪な事態を現実のものとしてしまった。「ギリシャ危機」として知られる世界金融危機の第二フェーズに突入したことにより、絶対的存在として大前提にあった「国家の信用」という概

念さえ覆りかねない事態となった。これは即ち各国中央銀行が担っていた最終的貸手「Lender of Last Resort (LLR)」の失墜も意味した。ギリシャはもともとユーロ加盟の際、参加基準を満たすため実際の債務状況を粉飾していたことも発覚してしまい、財政問題を機に再燃したギリシャ危機は一挙にユーロ危機にまで発展してしまった。ギリシャの赤字問題が発覚したことによる一国家としての信用力低下がやがてその国の支払能力の限界超え、やがては国家破綻危機と国家破綻の連鎖の恐怖を招く。これに単一通貨参加国全てが連鎖反応をおそれ、警戒する動きを見せることで、ますます不安をあおる。ギリシャ国債もユーロ建てであるため、ユーロ自体の信用を落とし、同時にギリシャ以外の経済、財政基盤の弱い国への信用疑念が広がったからである。こうしてEUは、財政統合未完の弱点を突き付けられた形となってしまった。

　余談だが、金融政策の統合は米国でも1800年代に試みられたが、この場合、連邦国家としてのまとまりをもっていたため、政策統合は後付でも問題なかった。しかし、EUはもともと国家が主体である。財政政策の統合（Fiscal Integrity）は米国を手本にすればわかるとおり、無尽蔵な金銭供給源の創出を意味するものではない。ないものに対して格付け機関を通じて「信用」をもとに高度な金融工学で処理、発展させたことにより、「裏付けをとってあるかのように見せかけることに成功した」、これが信用創造の累積とその破たんの実態であった。

金融危機対策　～規制強化と将来展望～

　これらの問題を受けて、グローバリゼーションの波と共に80年代以降続いてきた規制緩和にメスを入れるため、世界的に新たな対応策と

して従来の自己資本比率規制の強化に加え、リスク資産への備えを含むストレス・テストの導入、強化が進められるようになった。格付け機関の監視強化と格付け機関登録の義務化を行うことで、癒着関係の回避も図られるようになった。また、一定期間で主担当の交代制なども導入された。国際決済銀行（BIS）の場を通じた主要国金融当局によるこれらの政策は必ずしも抜本的問題を解決する最良の策とはいえないものの、金融秩序の修復と市場の安定化には一定の効果を期待していいだろう。

　一方、EUの金融市場とその国家債務危機の問題だが、EUにおけるギリシャは、ポルトガルやスペインとは異なり「特殊なケース」である。これは何もEU首脳やECB側だけの見解ではないが[33]、国家破綻まで招いてしまったギリシャ危機以降、市場にユーロ自体への信用不安が根強く残ってしまった。現状、欧州安定化基金（ESEF）の資金調達能力の低下が不安視され緊張が続く中、まず市場が求めるEUの政策対応方針の合致、すなわちEU全体として「質の良いユーロ共同債」や今後の財政統合化への現実的な青写真を示めせるかが問われることになった。

　これまでの展開をみてみると、リーマン・ショックの余波が収まらないうちから、2009年ギリシャの国家債務統計の捏造問題が露呈し、翌年IMFなどを通じて救済融資を受けたものの、国家破綻危機を現実のリスクとして顕在化してしまったこと、さらにはそれがEU内においてGDP3位、4位であるイタリア・スペインにも波及する恐れが出てきたことで、EUの国家債務危機はますます緊張を高めた。8月には、一時ECB内の対立が明るみに出たりもしたが、7カ国の財務相・中央銀行総裁が緊急電話会合を行い、金融市場安定化に向けた声明を発表した。翌月開かれたG7財務相・中央銀行総裁会議では、

第7章 「EU ―その統合と陥穽―」

差し迫った対応が求められる世界経済の成長減速に対する協議が開催され、9月16日にはEU財務相会合、財政規律の強化で合意する。「ウォール街を占拠せよ！」との抗議活動が世界中に飛び火する中、10月初旬には、予算案からギリシャの2012年の財政赤字幅が救済融資の条件を大きく上回ることが明らかとなり、ますます不信を増幅した。ギリシャに対する第2次救済融資は10月末にEU首脳会議で合意に達したものの、一時パパンドレウ首相が審議を国民投票にかけると発言したことから騒然となった。幸いこれは11月4日には撤回され、同首相は、第2次救済融資受け入れに向けた内閣信任投票後に、辞任することとなり、新しくパパデモス内閣がギリシャ国会で信任されたことにより事態はひとまず落ち着きを取り戻す。ついでこの時、イタリア国債10年ものは利回りが7％超えという危機的水準に達していたこともあり、イタリア連立与党の北部同盟もベルルスコーニ首相に辞職を要求し、結果、予算関連法案成立後の辞任を表明させることに成功した。その後、経財相を兼任する形で新しくモンティ内閣が発足する。これら動きと合わせて、12月5日ギリシャに対するIMFの第一次第6弾融資が承認されたことにより、刷新された人事の下、2011年末のクリスマス休暇は何とか小康状態で迎えることが出来た。

しかし、年末にユーロ圏15カ国の国債格付けをネガティブ・ウオッチとしたS&Pや、ユーロ圏のソブリン債格付けについて「決定的な取り組みが欠如している下では引き下げ圧力が残る」と表明したムーディーズの発表などが、予断を許さない状況であることを示してもいた。[34] 明けた2012年、予告通り欧州主要9国の市場類を見ない一斉格下げが行われ、市場に少なからぬ動揺を与える。特に独仏双頭体制で率いてきた牽引力のある一頭、すなわちフランスの目に見える形での格下げは、ある種の影を落とすこととなり、物理的な影響にとどまらず

心理的にも大きな打撃をEUに与えた。ここで二国（特に優位に立ったドイツ）の姿勢が改めて問われる形ともなった。2012年5月2日にはギリシャが三段階格上げされ、S&Pでの格付けがCCCとなった場面もあったが、これは今後の欧州に明るい期待を寄せたものというよりは、単に一時下げすぎたレーティングを妥当な水準に戻しただけといえるだろう。[35]

まとめ

　現在、ストレステストの実施などにより財政の健全化を図る指標を導入すると同時に、300億ユーロ以上の資本を保持する金融機関は、ECB監督下に置かれる決定が下されるなど、今なおユーロ崩壊の阻止、果てはEUの分裂を防ぐための弛まぬ努力が続けられている。また、格付け機関に対してもさらなる規制強化を実施している。若者の失業問題に関しても早急に手を打っていく方針だ。こうした過ちを二度と起こさないという約束、そして世界市場に展望を示すことは重要かつ不可欠である。今なおEU脱退論・解体論などが叫ばれてもいるが、一時に比べだいぶ沈静化した。世界金融危機以降、勃発したギリシャ問題はEUを大混乱に陥れたが、表層的リスクである流動性危機と深層にある国家破綻危機に分けて考えれば、前者に関しては金融恐慌に陥る恐れを含むリスクであるが、この問題に関してはほぼ片が付いたとみる識者もいる。[36]後者のソブリン・リスク、つまり国家財政破綻に繋がるリスクは、依然として解決していないことは明らかだが、早々に創設された欧州安定化基金を通じた7,500億ユーロという巨額な融資がもたらした恩恵により、短期的な資金繰りの目処はついたともいえるだろう。世界各国で経済低迷が長期化する中、ここにきてユ

第7章 「EU ―その統合と陥穽―」

ーロ圏を率いてきたドイツにも景況感の減退や陰りがみえてきたのは事実である。だが、一進一退を繰り返しながらも着実に進む徹底した安全対策網を張り巡らせることへの取組みは、市場の不安を和らげ、重債務国の長期国債利回りのボラティリティーを抑えつつある。これまで見てきたように、欧州は70年代から80年代にかけても通貨統合を模索し、破綻の危機を経験している。そこからの粘り強い姿勢を貫いた結果が功を奏し、EMSとして再統合を果たした上、マーストリヒトの成功にも漕ぎ付けた。これが2000年代を謳歌する単一通貨統合実現の実績などに結び付いた。中長期的課題に関してはこれからといったところだが、あまり悲観的に見る必要はないと思える。

連日叫ばれていたイギリス等のEU脱退論も今や落ち着きを取り戻しつつある。ギリシャにしてもどうにか脱退は逃れた。これにはEU諸国に加えたIMFなどの支援もさることながら、自国の政府が頼りなくなったとみるや政府の財政、税金の使途を監査し、責任追及をするELEなどの市民団体が国家を是正すべく活躍してきた一面も無視出来ない。自らの国を立て直し、今度こそEUの基準に適合出来るようにと動く姿勢も、EUの一員として存在することへの意義を表した結果の一つとも捉えられよう。脱退論はなおも主張として存在することは確かだが、EUに対してもっとも懐疑的な国の一つであるイギリスに関しても、本当に脱退するとなると果たしてその効果（恩恵）がいかほどであるのかについては甚だ疑問が残るとして慎重だ。2011年10月にはイギリスで一時脱退を含むEU加盟の在り方を問う国民投票を実施すべきとした動議があったが、これは否決された。ロバート・クーパー氏などは、英国の脱退論そのものが国家主権の考えから照らし合わせても理にかなっていないと主張している。そもそも国家主権とは国として発言する場を持ち、その発言権の有効性を高めることこ

そがワールド・ポリティックスの舞台において有効であり、それこそが「国家」としての主権を全う出来るものであろう。つまりは、昨今の国際関係の力学は古くからなじまれてきたウェストファリア体制を超えた超国家的様相を呈してきていると同時に、国家としての「何」が重要かという意義が変容しつつあることも窺える。ここで一つ危惧すべきは、狭義の国家主権にとらわれてしまうことで、国際社会における真の意味での国家力、すなわち主権の源が失われかねないということだろう。EUという超国家体を目指す姿勢から始まった連合そのものが独自の力を持ち機能し始めた今、その圏内にとどまる方が国家としての力も、意見の場も持てるというのは皮肉ととるべきなのか。脱退した場合に試算出来る損得を未来への効力も含め勘定した場合、果たしてどちらがより「国家主権」としての力を発揮できるかは疑問が残るところである。また、ここまで来たEUという特殊な国家集合体機関を崩壊させるほど分解してしまうことによる影響を考えると、そちらの方がはるかに非現実的であるとの見方も多い。つまりは、EUの中の一国家としてとどまることこそが、今後の国家としての方向性含め、理論的にも一番理にかなうとみえる。

　同時に、リスボン以降EUが改めて掲げた理念のもと、EUが世界経済の牽引役として求められる役割も大きい。オカンポなどは、今後IDAの基準を満たしうる貧困国が2025年までに1／3に減る中で、基準を満たさないが貧困のままである国・地域に円滑に資金供給するためには世界銀行の改革が必要であると主張する。だが、内部からの改革だけでは限界があり、これに関して主な資金提供者であるEU各国政府が主導的役割を担うとともに、新興国との協調を得ながらグローバルな課題に取り組む必要があることを述べている。EUは現在9議席あり、米国の1議席と比較しても、そのルール作成に携わる影響力

は明らかだ。世界の貧困撲滅を謳う崇高な目的のために設立された世界銀行を真の国際機関とするにはEUの協調が絶対である。昨今「企業の社会的責任」CSR（Corporate Social Responsibility）並びに社会的責任投資SRI（Socially Responsible Investment）が企業活動における重要な位置を占める中、モントリオール議定書や京都議定書などにみられる一連の排出規制基準など新たな枠組みの設置に関しても、新興国や第三国とのより積極的な環境政策へのアプローチを成す上で、今後世界の牽引役としてもEUへの期待は高まる。

　さらに、外交に関してはリスボン条約の下、共通外交・共通防衛を確立していくとともに、EUはヨーロッパ主導のソフト・パワーをより柔軟で協調性、共感性の持てる形にかえ、そうした姿勢と対話で問題に臨んでいくべきであろう。また、今後益々重要になってくるであろうこれからの中東やアフリカへの影響力を高めたいとするならば、欧州諸国はこれまでの伝統的・機能的枠組みに則った協調関係を、相手国の立場に立った多様性の持てる枠組みへ変えてゆくなど、柔軟性のある態度を示していかなければならないだろう。また、そうでなければ今後の地中海沿岸諸国に良い意味で影響し続けることも難しくってくると予想される。[37] さらに、経済関係が一段と深まってきた東アジアとの関係発展にも課題は残る。

　先行きに不安が残る中、欧州債務危機から新たな展望が開けるか否かは、今後の政策実現にかかっている。だが、これまでも何度となく衝突しながらも、共同体を統合すべく、実現に向けて弛まぬ努力を重ねてきた経緯がEUにはある。戦後設立から60年、欧州連合としてノーベル平和賞を授与されたのも、それまでの人道支援などに対する功績が積み重なった結果といえよう。ユーロ圏の恒久的支援メカニズムである欧州安定メカニズムも発足し、2013年にはユーロ圏の銀行を一

元的に監督する体制を構築することで合意もとれた。加えてECBは大規模な国債購入プログラムの実施も決めた。次々と打ち出される政策に対し、ECが出しているEuro Barometerの調査結果によれば、約40％の欧州市民がEUの政策に関して肯定的であるとする結果が出てもいる[38]。そして何より、60年という時を経て、若い世代には欧州人としてのアイデンティティが国民であることと並立して形成され、根付いてきている様子がみてとれる。同様に、一世代前の人々にも、互いへの相違に対する違和感や過去において存在した敵対意識よりも、彼らに見られる共通性が広く認識されてきている。史上初の試みである超国家体への試金石であるEUのもっとも偉大な功績の一つは、域内に属する人々に「欧州人」としてのアイデンティティの形成と共通認識を植え付けることに成功したこといえるのかもしれない。

　世界を震撼させた危機からの完全なる脱却は容易ではない。だが、一度爆発し、蔓延した信用不安は、少しずつ鎮火してきてもいる。2012年、フランス大統領選で揺れた独仏枢軸体制も、新政権に交代以後おおむね良好な関係を維持している。米国発のシェール・ガス革命も相まって、エネルギー問題にからむ大きな国際関係の構造変革がリアルタイムで進行しつつある現状も、外交政策の要として常にあったEUのエネルギー政策および近隣諸国（ロシア・中東・アフリカなど）との外交関係に新たな要素を加えつつある。2013年3月、キプロスをめぐる一連の迷走も、キプロスの大手行の閉鎖および再編することでおおむね合意がとれた形となり、EU・IMFが支援することで、当面の金融システム破綻によるユーロ圏離脱の危機は免れる形となった。これで後少し、基盤となる経済状態が落ち着きを取り戻し、先の展望が見えてくれば、自然と他の領域、そして政治統合にも力を入れる余地が生まれるだろう。なお続く世界経済の不振と金融危機の影響で、

第7章 「EU ―その統合と陥穽―」

危機対応能力の不足が懸念されるとする見方も少なくないが、幾度もあげた通り、予断を許さない状況はこれまでも数多く存在した。今後に関してもEUの動向を注意深く見守って行く必要があることに変わりないが、これまでもひとつひとつ試練を乗り越え発展と深化を遂げてきたのがEUである。戦火にまみれたヨーロッパという土壌を、半世紀以上かけ真の恒久平和をもたらしうる枠組みを創設・運営し、世界初の超国家体として成功を収めつつある側面も確かに評価されるべきことだ。その弛まぬ努力と崇高なる意志のもと、欧州はさらなる統合深化を遂げる可能性を十二分に有しているとし、本章を締めくくりたい。

注

1) これは、特に第一の柱（EC）において、EUとしての意思が時にはいくつかの国の意に反している場合においてもその政策がEUの意思として実行されることからも見て取れる。
2) この点においては、第二の柱、および第三の柱から読み取れる。
3) 詳細については、Pelinka（2006）, 小久保（2008）など参照。
4) 超国家主義：国家より上位に位置する次元の主体に国家権限を委譲する概念
5) コスモポリタニズム：世界平和をもたらすため、人種・言語の壁を超えた「世界国家」を創設すべきとする発想
6) ウェストファーレン条約：1648年、三十年戦争を終結させた講和条約。これにより、互いの領土を尊重し内政干渉を控えるとする「国家主権」の概念が新秩序として形成された。
7) ヴィクトル・ユゴー：ロマン派の作家であり、詩人でもあった。博識な予見者でもあった彼は、今日の「ヨーロッパ」の名づけ親の一人と言われている。さらに、彼以前にもヴォルテールやルソーなど多くの人が同じように理想を掲げた。
8) 詳細についてはGeorge（1991）、Hass（1958）、Milward et al.（1993）など参照。
9) 詳細についてはEd. Stirk & Weigall（1999）参照。
10) 1950年の朝鮮戦争勃発以前までは「ベルリンの壁」という物理的遮断物を築

き上げた以外、特に実戦での功績がなかったNATOは、「紙上の条約」として揶揄されてもいた。

11) キンドルバーガーによればマーシャル・プランの実態は「西ヨーロッパにおいて空になってしまった倉庫を満たすものだった」(Kindleberger 1987) となるが、これに相違ない。
12) 詳細については Stirk & Weigall (1999) 参照。
13) 1982年3月のLondon Economist誌は "EEC born March 25th 1957, morubund March 25th 1982" と題し、その表紙を墓標で飾った。
14) 詳細については (Ravenhill 2008) 参照。
15) 詳細については (Wallace et al. 2005) 参照。
16) 詳細については (ティートマイヤー 2012) 参照。
17) ECBの設立にあたっては、戦後発展してきた二つの中央銀行業務モデル(アングロ・フレンチモデルおよびドイツモデル)の採用が検討された。詳しくは (Grauwe 2009) 参照。
18) 自国通貨のパリティーを守るために必要である外貨準備金が枯渇する恐れから、是正が働くと考えられているからである
19) 詳しくは (山下2012) 参照。
20) アキ・コミュノテール:現状におけるEUの法令・凡例を総称する呼称。
21) 詳しくは (Valasek 2009) 参照。
22) 詳しくは (井ノ口2009)、(Mackie 2012) など参照。
23) (Buzan & Diez 1999)、(Youngs 2010) などが警告。
24) 詳しくは (Cornish & Edwards 2001)、(Dunn 2009) など参照。
25) 詳しくは (Lord Robertson 2001) 参照。
26) 詳しくは (Rutten 2001) 参照。
27) 石油鉱業連盟 (2007) 石鉱連資源評価スタディより。
28) 詳しくは (Green Paper 2006) など参照。
29) 詳しくは (庄司2009) など参照。
30) 詳しくは (鷲江2009) など参照。
31) フランスのLe Monde紙は、彼女は視野が狭くとても職務を遂行出来るとは思えないとし、"Mme Ashton est nulle" (アシュトン上級外交官は役立たずである) とすら載せている。
32) 詳しくは (Vasconcelos 2007) 参照。
33) ジャン・ルミエールのインタビューなど参照。
34) JETRO 2011など参照。
35) JETRO 2012など参照。

第 7 章 「EU ―その統合と陥穽―」

36) 武者2012など参照。
37) 詳しくは（Kausch 2012）など参照。
38) Euro Barometer 2006参照。

参考文献

井ノ口一膳〔2009〕、「南アフリカの経済西洋要因の変化と課題」『国際金融』1196号（2009年1月号）58頁　外国為替貿易研究会

市村／大竹／蛯谷（編）〔2012〕、「ユーロ再生の条件―最前線で見た期待と不安―」、『日経ビジネス』第1638号（2012年4月23日）、p.26-42

岩田健治〔2012〕、「ユーロ危機とEUの課題」、『第10回九大・北大合同フロンティア・セミナー』、東京ステーションコンファレンスにて

円居総一〔2008〕、「世界経済の構造変化と広域共同体の形成―EU統合への内的発展と世界経済の構造変化の中での今後の発展、そのアジア共同体化への政策示唆―」『国際関係研究』第28巻4号　日本大学国際関係学部国際関係研究所2008年2月29日発行

小久保〔2008〕、「EU統合の進展と国民国家の将来」

坂井隆之（解説）〔2013〕、「〈キプロス支援〉基本合意　EU、大口預金者への負担強制」, 2013-03-25毎日新聞

ジェトロ〔2011〕、「欧州債務危機をめぐる主な動き」、12月31日

ジェトロ〔2012〕、「欧州債務化をめぐる動き」、欧州ロシアCIS課在欧州事務所、11月1日

ジェトロ〔2012〕、「主要格付け機関による欧州の長期債務格付け評価」、海外調査部 欧州ロシアCIS課、11月5日

庄司克弘〔2009〕、「リスボン条約とEUの課題」、『日本EU学会誌』第31号 p.13-24

ジャン・ルミエール〔2012〕、「ギリシャは特殊なケースだ」、『日経ビジネス』第1638号（2012年4月23日）、p.40-42

島野卓爾〔1997〕、『欧州通貨統合の経済分析』、有斐閣 p.34

花井等（編）〔1999〕、『名著に学ぶ国際関係論』、有斐閣

林秀毅〔2012〕、「欧州債務・金融危機の行方―新たな展望は開けるか―」『国際金融』1233号（2012年2月号）32頁

ティートマイヤー・ハンス〔2012〕、「通貨統合の証人、欧州債務危機を語る」、『日経ヴェリタス』、2012年3月25日号

武者／富田〔2010〕、「欧州ソブリンリスクと日本の課題」、『世界経済評論』Vol.54. No.5. p.6-21

山下英次〔2012〕、「ユーロ圏の死角」、『金融財政ビジネス』、2012年1月号

山田高敬／大矢根聡（編）〔2006〕、『グローバル社会の国際関係論』、有斐閣
鷲江義勝（編）〔2009〕、『リスボン条約による欧州統合の新展開 ～EUの新基本条約～』、ミネルヴァ書房

Batt, J. (2004) *Falling States an the EU's Security Agenda*, EU Institute for Security Studies, 8th November, Paris.

Barder, O. & Majerowicz, S. (2012) Commentary on José Antonio Ocampo's article: It's up to Europe to show real leadership over long-term World Bank reform, *Europe's World*

Bauer, T. (2007) The Security dimension of the transatlantic relations after EU-enlargement, *C.A.P Working Paper*, July 2007.

Brahim Fassi Fihri (2012) Commentary on Richard Young and Raquel Álvarez's article: Europe must take the initiative or the Arab spring will be to its cost, Europe's World

Buzan B. & Diez T. (1999) The European Union and Turkey, *Survival* Vol. 41, No. 1, Spring 1999 (p.41-57)

Charlemagne (2011) "The test for Ashton and Europe", Feb 1st, BRUSSELS

Cornish P. & Edwards G. (2001) Beyond the EU/NATO dichotomy: the beginnings of a European strategic culture, *International Affairs*, 77, 3, (p.587-603)

Dedman, M.J. (2010) *The Origins and Development of the European Union 1945-2008 A History of European Integration* 2nd ed., Milton Park: Routledge,

Economist (1982) "EEC born March 25th 1957, morubund March 25th 1982", *London Economist*, Cover, March 1982

Egenhofer, C. & Georgiev, A. (2010) 'Why the transatlantic climate change partnership matters more than ever', *CEPS Commentary*, 10th January, 2010.

Euro Barometer (2006) *The Future of Europe*, May 2006

Europa (2007), *Treaty of Lisbon: Taking Europe into the 21st century*, 1st January 2007, from http://europa.eu/

Global Press (2005) *European Energy Security*, 17st September 2005, from http://www.bp.com/genericarticle

George, S. (1992) *Politics and Policy in the European Community*, 2nd ed., Oxford

Grauwe, P. (2009) *Economics of Monetary Union 8th Ed.*, USA: Oxford

Press
Green Paper (2006) "A European strategy for sustainable, competitive and secure energy", EUROPA Mar. 2006
Hass (1958) *The Uniting of Europe*, London: Stephens
Hill, C. & Smith, M. (2005) (ed.) *International Relations and the European Union*, New York: Oxford University Press.
Hoffmann, S. (1966) 'Obstinate or Obsolete? The Fate of the Nation-State and the Case of Western Europe', *Daedalus*, Vol.95, No.3, pp.862-915.
Howorth, J. (2001) European Defence and the Changing Politics of the European Union: Hanging Together or Hanging Separately, *Journal of Common Market Studies*, Vol.39, No.4, pp.765-789.
Howorth, J. (2000) Britain, France and the European Defence Initiative, *Survival*, Vol.42, No.2, pp.33-55.
Jones, S. G. (2007) *The Rise of European Security Cooperation*, Cambridge: Cambridge University Press.
Kausch, K. (2012) *Europe Middle-East North Africa cooperation*, LSE blogs
Kindleberger (1987) Marshall Plan Days, London: Allen & Unwin (『大不況下の世界』石崎・木村訳、東大出版会、1982年)
Kissinger, H. (1994) *Diplomacy*, New York: Simon & Schuster, Inc.(『外交』岡崎久彦監訳、日本経済新聞社、1996年)
Leonard, M. (2013) 'Cameron's backward-looking speech', January 23, Reuters
Lipgens (1980) *Sources for the History of European Integration 1945-55*
Lord Robertson of Port Ellen (2001) European Defence: Challenges and Prospects, *Journal of Common Market Studies*, Vol.39, No.4, p.791-800.
Mackie. J. et al. (2012) The Road to the 2014 Summit-Challenges for Africa-EU relations in 2013, *Policy and Management Insights*, No.4 (Dec 2012)
Milward et al. (1993) *The Frontier of National Sovereignty:* History and Theory 1945-92
Pelinka, A. (2006) Governance in the European Union, *EU Studies in Japan*, No.26, p.1-19
Pond, E. (1999) Kosovo: Catalyst for Europe, *Washington Quarterly*, Vol. 22, No.4, p.77-92.
Ravenhill, J. (2008) *Global Political Economy 2nd ed.*, Oxford: Oxford Uni-

versity Press.

Rutten M. (2001) From St Malo to Nice-European Defence: core documents, *Chaillot Paper* 47

Sorkin, R.S. (2009) *Too Big To Fail*, New York: Allenlane

Stirk, P. M. R. & Weigall, D. (1999) *The Origins and Development of European Integration*, London: Pinter.

Valasek T. (2009) NATO Russia and European Security, *CER*, Nov. 2009

Vasconcelos, A. (2007) After the Lisbon Treaty: Global EU?, *The European Foreign & Security Policy Institute*, Nov. 2007

Wallace, H. (2001) The Changing Politics of the European Union: An Overview, *Journal Of Common Market Studies*, Vol.39, No.4, p.581-594.

Wallace, H. & Wallace, W. & Pollack, M. A. (2005) *Policy-Making in the European Union*, New York: Oxford University Press, Fifth edition.

Wallace, H. (2001) The Changing Politics of the European Union: An Overview, *Journal Of Common Market Studies*, Vol.39, No.4, p.581-594.

Youngs, R. (2010) Europe's Decline and Fall: The struggle against global irrelevance, London: Profile Books

Youngs, R. (2012) When gravity fails... Five futures for Euro-Mediterranean relations, *Policy Brief*, No.125, April 2012

第8章　進展する流通システムと国際物流

―東アジア市場を巡る水平的競争優位の物流を目指して―

　経済のグローバル化、経済の情報化といった言葉が象徴するように、近年、双方がもたらす世界システムの影響は極めて大きくなってきている。双方が相まった際の国際政治経済への影響もしかりである。また、経済の情報化は技術面の革新性に伴って、瞬く間に世界規模で標準化を促す傾向にある。同時に、先進諸国を中心に進展する少子高齢化と市場の成熟化を受けての経済の効率化の要請と第3次産業への期待はさらなる情報化、特に、情報ネットワーク化の必要性を促す。

　しかし、こうした情報ネットワーク化は効率性の向上と共に、世界経済の構造に大きな変革を引き起こす可能性を秘めている。つまり、それは一国に留まることでなく、他国間をまたがって構造的変革となってスピーディーに広がっていく。情報ネットワーク技術の進展と共に各国の経済連携が遂行しやすくなり、それにより相互依存、互恵関係も従来にも増して活発化している。

　こうした傾向は物流においても例外ではない。物流は流通段階における1つの概念であるが、近年では、内外価格差の問題や企業法人税の問題等によって海外にその生産拠点を設け、そこから輸出したり国内市場に逆輸入したりするといったケースがトレンドとなり、コストの側面からも物流の合理化が求められてきている。従って、こうした動向に伴っての物流の重要性がこれまで以上に高まり、それを克服することが経済・社会から要請されているのが現在の先進国におけるビジネス形態となってきている。「物流を制すは流通を制す」といわれるくらいに流通に占める戦略的力点の比重は高まり、同時に経済全体

が期待する効果も高まりを見せている。またドラッカー博士は、かつて「流通は経済の暗黒大陸である」と明言している。彼は流通のことをブラックボックスと揶揄し、それを経済活動の中で可視化することが難しいとしたのである。しかし、情報化によって創出された従来にない精巧な流通取引が構築されつつある今日においてはこれまで見ることができなかった物や情報の流れが把握することが可能となり、さらに効率化と環境を配慮したコスト重視の経営も可能となった。持続可能な社会・経済の実現に向けての経営の効率化とグローバル化の同時進行が進む今日においてその標準化は、特に大手企業にとっては必要不可欠な戦略の1つとなってきている。

　そこで本章では国際政治経済学におけるミクロ的観点からこれらの事象を捉え、情報ネットワーク化とその標準化によって促される今後の国際物流に焦点を当て、事例等を用いながら検証していく。なお、本章では、主に日本からみた物流の国際的変革を中心に検討し、東アジア市場における競争優位の物流の在り方について考察していく。

1．現代流通の変化と物流の位置付け

1-1．世界システムの捉え方と今日的商取引変化
－東アジアにおける貿易変化と世界システムへの影響－

　ウォーラーステインによると[1]、世界システムとは、「1つの社会システムであり、それも固有の境界と組織構造と構成員、何らかの法体系、一体感等をもった社会システムである」と定義される。そして、彼の描く世界システムにおいて、歴史上で真に意味のあるリアルなシステムは2つしかない。1つは完全に孤立した自給社会（ミニシステム）で、もう1つは巨視的な世界システムである。そうしたシステム

第8章　進展する流通システムと国際物流

のなかで、彼の提唱するその世界システムの対象とは、多数の文化を含みながらも広範な分業体制を基礎としたものから出発している。商品連鎖を通じての世界経済における生産諸過程の統合が、歴史的に、世界システムの様々な局面に影響を与え、そうした体制を形成しながら同時に変容を促してきたとしている。

　例えば、今日の経済のグローバル化、経済の情報化は、この世界システム構造自体に変化をもたらす性質を内包しており、ウォーラーステイン的な概念に基づく視野をもって構造分析を進める必要性が求められる。世界経済の変容はそれ自体、経済連携等を伴って促されてきた。海外との商取引においては貿易がその要であり、それらを通じて各国に資源や商品が流通される。特に、2001年のWTO加盟以降の中国における貿易額の拡大によりその構造の変容がスピーディーに進んだ。また、周知のように、中国の市場経済化によって、東アジア全体

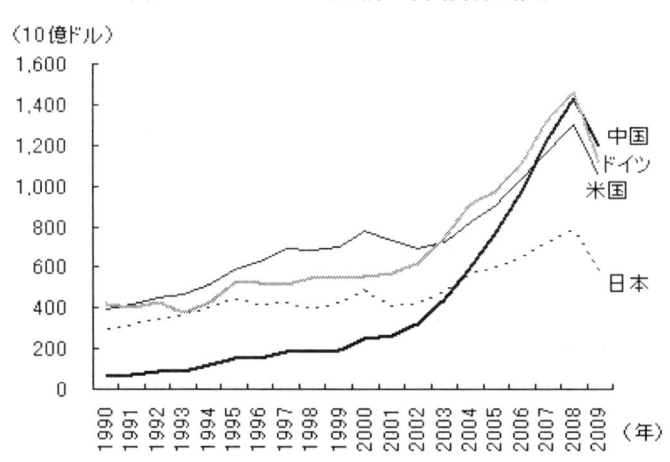

図表 8 - 1　WTO 加盟後の中国貿易額推移

出所：関志雄「中国経済新論－世界の中の中国」（2010 年 2 月 24 日）
　　【HP】http://www.rieti.go.jp/users/china-tr/jp/100224world.htm
　　（2012/09/10 現在掲載中）より抜粋。

がその経済効果を享受している。しかし、こうした中国との関係は東アジア地域圏内に留まるだけでなく、広く世界経済にその範囲は波及している。つまり、中国の経済成長が東アジア経済の成長、ひいては世界経済の発展に寄与する形で牽引役となっている。

また、かつては一次産品の輸出に始まった中国の貿易は今日では、その急激な成長効果と相まってその高度化が進んでいる。図8-2が示すように経済発展を成し遂げた多くの国では一次産業から工業製品へと変化し、工業製品の中身の内容もその初期は労働集約型製品から資本・技術集約型へと変化するパターンを辿ることが一般的とされて

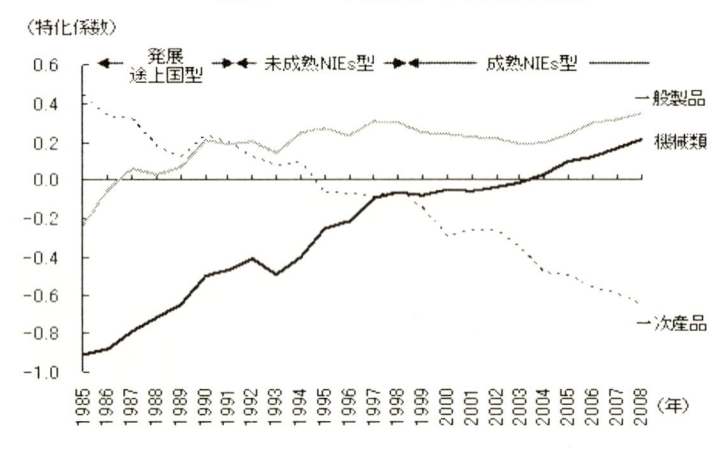

図表8-2　高度化する中国貿易構造

(注) 貿易構造の諸段階

	特化係数
発展途上国型	一次産品＞一般製品＞機械類
未成熟NIEs型	一般製品＞一次産品＞機械類
成熟NIEs型	一般製品＞機械類＞一次産品
先進工業国型	機械類＞一般製品＞一次産品
特化係数＝（輸出－輸入）／（輸出＋輸入）	

出所：図表8-1に同じ。

第8章　進展する流通システムと国際物流

いる。つまり、今日の中国での経済発展を示す一つの指標であるGDPに加え、近年の主要都市における地価の高騰、さらに、中国国民の購買力を総合的に考慮すると、まさに成熟NIEs型から先進工業国型に近いといっても過言ではない。また、一定水準を超えた国民の経済力が期待できるが故に、今日、輸出産業である我国のメーカーやグローバルリテーラー等はその進出ペースを急いでいるのである。国内市場が低迷する我国にとって東アジア近隣諸国に期待する依存度は従来にも増して高いことはいうまでもない。

一方で、2000年前後には各国で一般国民の間でのインターネットの普及が進み、実際の貿易とは個別に商取引を行う消費者も増大しつつある。

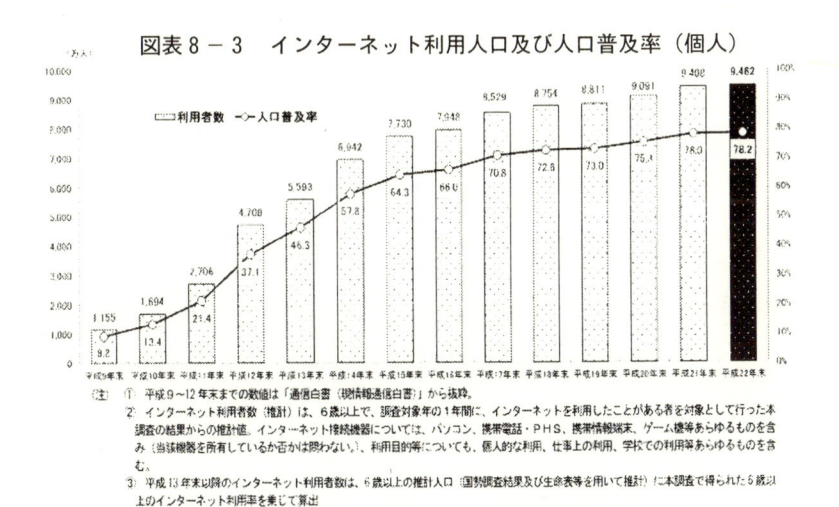

図表8-3　インターネット利用人口及び人口普及率（個人）

(注) ① 平成9～12年末までの数値は「通信白書（現情報通信白書）」から抜粋。
② インターネット利用者数（推計）は、6歳以上で、調査対象年の1年間に、インターネットを利用したことがある者を対象として行った本調査の結果からの推計値。インターネット接続機器については、パソコン、携帯電話・PHS、携帯情報端末、ゲーム機等あらゆるものを含む（当該機器を所有しているか否かは問わない）。利用目的等についても、個人的な利用、仕事上の利用、学校での利用等あらゆるものを含む。
③ 平成13年末以降のインターネット利用者数は、6歳以上の推計人口（国勢調査結果及び生命表等を用いて推計）に本調査で得られた6歳以上のインターネット利用率を乗じて算出。
④ 調査対象年齢については、平成11年末まで15～69歳、平成12年末は15～79歳、平成13年末以降は6歳以上。

出所：総務省「情報通信統計データベース」2010年より抜粋。

近年のこれらの個別的な商取引の変化も含めると、ウォーラーステインのいう巨視的な世界システムに大きな影響を与えることになる。インターネットは国内外問わず、広く取引がリアルタイムに行われる性質を内包している。従来とは異なる規模の収益がもたらされる企業にとって重要な戦略のツールの1つでもある。特に、グローバル企業にとってその導入はもはや標準化されつつある。インターネットの取引によって大幅な効率化とコスト削減が可能となり、今や、グローバル企業にとって如何に最大限にコストを削減しながら効率化を高め収益を上げるかが重要な戦略となっている。

　いずれにしてもこうした近年の変化と動向によって、益々、グローバル企業を中心にコスト意識が高まり、同時に技術の進展を伴っての経済活動の効率化も進展し始めている。経済活動の効率化にITは欠かせないものであり、ITの導入とその進展によって特に価格面、すなわち、グローバル・プライジングへの期待が企業は消費者から求められることになるだろう。

1－2．経済の暗黒大陸としての流通と物流の相関関係

　一般に、製品開発に伴うコストは消費財の場合、最終消費者の手元に届くまでの総額で考えられる。ところが、多くのミスマッチが重なると、コストが加算され当然価格はその分、上昇する。従って、こうしたリスクを分散させるために流通の多段階制や建値制等が確立され機能し、流通の効率化を促してきた。最も、今日のようなITによる精巧な取引が遂行される以前という前提の視点に立った場合にそれは効率的である。特に、日本の場合、先進諸国とは異なる条件が相まって、意識的にそれを志向する経緯がある[4]。当時、日本は経済成長期で、コスト意識が今日ほど高くはなかったということもあり、また、それ

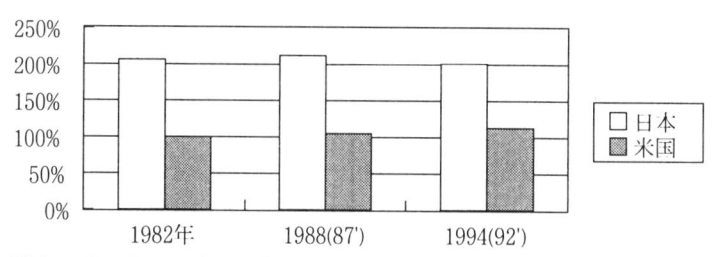

第8章　進展する流通システムと国際物流

図表8－4　日米のW/R比率の比較（消費財の場合）

注：(注)(87')及び(92')は米国のW/R比率を指し示している。
出所：通商産業省編『21世紀に向けた流通ビジョン』1995年、228頁。
原資料：日本「商業統計表」、米国「Census of Retail Trade」、「Census of Wholesale Trade」

を駆使し参入障壁に意図的にしていたといった背景もある。こうした流通における構造は、日本的商慣行と呼ばれ、1989年の日米構造協議において厳しく欧米先進流通国から非難されることとなった。

一般に、そのことを示すために用いられる経済指標としてW/R比率[5]というものがある。図表8－4が日本と米国を比較したものになるが、それによると日本は米国に比べて一貫して2倍近くの数値で推移してきたことがわかる。つまり、日本は流通における販売予測の不確実性から生じる在庫リスクを回避・分散させるために、敢えて流通中間業者を肥大化させ需要ニーズを満たす戦略をとってきたのである。また、同時に当時、成長し始めたコンビニエンスチェーンによる卸売業への積極的活用も相まってその数値は高止まりのままであった。

既述したように流通は経済の暗黒大陸とされてきた。流通が経済活動の中で可視化できないからである。製造されたのちの業務に費やされるコスト、すなわち、流通コストが明確化できず、曖昧なまま処理されその結果、流通が複雑化し、費用が嵩んで商品価格の上昇を招いてきた。これらの事実に着眼して、ドラッカーは流通をブラックボ

クスと揶揄したのである。

　しかしながら、1991年のバブル経済崩壊後、その様相は段階的に変化する。「価格破壊」に端を発する長期デフレによる原価割れと市場占有率の拡大を狙う大手チェーン小売業による消耗戦により水平的競争と垂直的競争に限界が生じたのである。そしてこうした経緯を経て徐々に単なる特定商品の低価格戦略だけでなく恒常的な低価格戦略へと戦略展開するようになった。さらに、2000年以降に急速に進展した情報通信技術の企業経営への導入によってその経営環境も大幅に改善された。それまで課題視されてきたミスマッチによる在庫リスク分散といったそれまでの手法を見直し、最低限の在庫を確保したうえでスピーディーに需要に対応できる技術革新が流通にもたらされるようになったからである。つまり、流通コスト増大の最たる要因とされる在庫管理をICTの進展によってシステム化することが可能となったのである。需要動向と物の所在に対して一定の可視化がなされるようになったことでより効率的な店舗経営とそれを大幅にバックアップしてくれる高度な物流システムの構築が今日、実現されつつある時代にさしかかっている。「物流を制すは流通を制す」といわれるように情報ネットワーク化とそれによって繰り広げられる物流戦略によって経済の暗黒大陸は解消の方向に向かいつつある。

1－3．我国のバブル経済崩壊後の商品流通変化とロジスティクス戦略

　既述してきたように「価格破壊」が浸透、恒常化するようになると、企業は価格及びそれを構成するコストへの意識を高めるようになった。また、景気低迷による過剰在庫の高まりとその処分を巡っての長期的な価格競争により原価割れをする商品も数多く発生するようになった。そのためその見直しと消費市場ニーズに見合った適正価格とそれを実

第8章　進展する流通システムと国際物流

現できるコスト経営への再構築がなされるようになった。つまり、消費者の手元に届くまでの流通コストを見据えた適正価格の構築がそれである。このようなコスト経営に基づく適正価格の実現は後に「価格革命」と呼ばれ、既述した「価格破壊」とはしばしば区別される。

　この「価格革命」を遂行させてきた企業としては、例えば、国内に多くの店舗をもつ100円均一ショップのダイソーが挙げられる。ダイソーでは、中国で生産したものを店頭に陳列する過程までを含めて100円というコストで賄える範囲内で商品開発を進めてきた。こうしたコスト意識にたった商品開発はユニクロにしてもしかりである。そこには大量生産・大量販売といった規模の経済性を追求する生産システムが存在するが、これらのビジネス形態を形成する際に、留意すべき点は中間コストの削減と店頭での欠品防止及び機会ロスの軽減である。これを実現させるために店頭での在庫管理とそれに基づくスピーディーな供給システムが必要となる。しかし、従来のような日本型流通経営に基づく物流戦略では既述してきたようにコスト管理が困難となる。そこで、ダイソーやユニクロではこれまでの物流戦略からロジスティクス戦略へと戦略転換をしている。後述するが、ロジスティクス戦略はそれまでの単なる物を流す物流とは概念が大きく異なる。ロジスティクスには効率性を追求する意味合いが強くなり、厳密には「適時到着」といったニュアンスが含まれてくるからである。こうしたダイソーやユニクロのビジネス・モデルは1990年代に様々な業種・業界にも影響を与え、ロジスティクス戦略は一挙に普及することとなった。

　その一方で、こうした在庫リスク管理が可能となった時代に一層の機能強化を強いられたのが卸売業である。ICTの普及・浸透とそのネットワーク化によってメーカーと小売業間の店舗及び在庫管理が格段

にしやすくなった結果、その狭間でかつてコスト高の元凶と見做されてきた卸売業がその機能強化を余儀なくされている。特に、大手チェーン小売業が求める効率的な物流機能を確立させるため、それまでの地域単位での営業や業種レベルでの商品取扱の改善を求められ、図表8－5及び図表8－6が示すように大幅な再編が進んでいる。

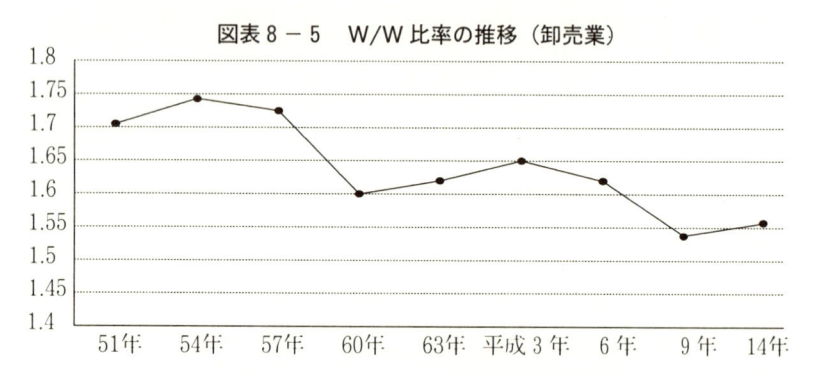

図表8－5　W/W比率の推移（卸売業）

資料：経済産業省「商業統計調査」流通経路別統計編（卸売業）
　　　データより作成

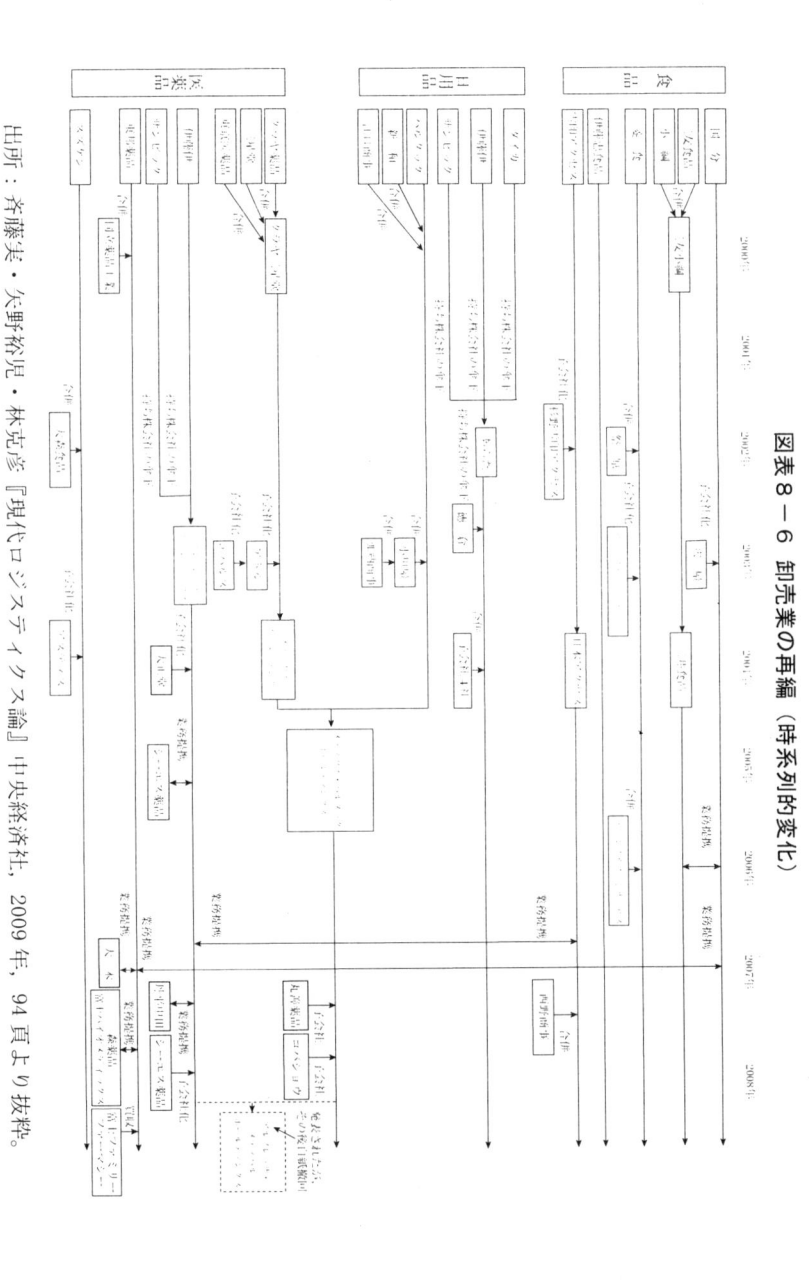

第 8 章　進展する流通システムと国際物流

図表 8 − 6　卸売業の再編（時系列的変化）

出所：斎藤実・矢野裕児・林克彦『現代ロジスティクス論』中央経済社，2009 年，94 頁より抜粋。

1－4．商品流通における物流概念の変容

　我国の商品流通における物流の概念は社会・経済の変化及びニーズの変化に対応するかの如くに進化してきた。図表8－7の物流の時系列的変化が示すように物流は荷主企業から委託された物を単に流すといった概念に始まり1980年代末から1990年代初頭にかけてのロジスティクス、1990年代後半から今日に至ってはサプライチェーン・マネジメントといった戦略的概念といったニュアンスとなってきている。これらの変化は各々、社会・経済の進展と共に変容しているわけであるが、こうした物流の概念変化は国際取引においても当然、同様である。例えば、東アジア市場における中国の経済発展の進捗状況によっては、物流の概念変化は当然、生じてくる。既に社会インフラストラクチャー整備は沿岸部を中心に充実している。こうした状況下、我国国内同様の取引が貿易も含め中国を中心に東アジア全般に伝播していく公算が高く、日本企業の中国市場進出やそこを拠点に東アジア市場戦略を

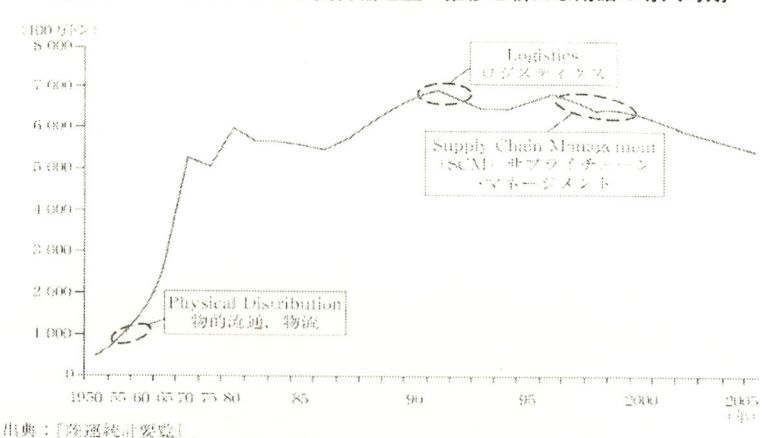

図表8－7　日本における貨物輸送量の推移と新たな用語の導入時期

出所：齊藤実・矢野裕児・林克彦著『現代ロジスティクス論』中央経済社、
　　　2009年、6頁より抜粋。

第8章　進展する流通システムと国際物流

行う際に、段階的に、原材料・部品・製品調達等を通じてその国際物流システムの標準化、一般化がなされる可能性は十分に考えられるであろう。つまり、東アジア市場において現在、多国籍企業らとの競争が本格化しているが、長期的視点で東アジア地域との経済連携を図りながら現地市場に合致した国際物流へと融合することが必要不可欠となってくるだろう。

　資本主義経済社会における物流システムとは一体、どうあるべきなのだろうか。本節では、経済発展とその発展段階で求められる物流へのニーズとの関係に着目しながら物流の基本的な概念整理を行い、併せてその可能性について考察してみたい。

物流の基本的概念[7]

① 物流

　物流という用語が我国に初めて紹介されたのは1956年に米国に渡った流通技術視察団がPhysical Distributionという言葉を「物的流通」と翻訳して以降とされる。そしてその短縮形が一般に物流と呼ばれる。物流は商流と情報流と並ぶ流通における重要な機能の1つであり、商取引の際に例外を除いて大抵発生する機能である。また、業務としては、輸送と保管に大きく分類される。物を運ぶ業務と在庫を倉庫等で管理する業務のことを指し示す。双方ともに業務が遂行されることで、商品価値が高まる。ただし、こうした物流機能は、必ずしも完成品の販売に伴う物流に限定するものではない。すなわち、原材料や部品等の調達の範囲にまで及ぶものである。換言すれば、物流は販売物流だけでなく、製造物流、調達物流、さらに、販売された製品が廃棄され回収される静脈物流もその概念の範疇となるのである。[8]

② ロジスティクス

　元々、ロジスティクスという言葉は軍事用語で「兵站」と翻訳されてきたが、今日では「後方支援」と解釈するのが一般的である。戦場において軍隊が総力を発揮するためには備えがなくてはならない。つまり、戦闘で必要とされる多種多様な物資の補給がスムーズに遂行されなくては戦争の長期化を引き起こすだけでなく、多くの死傷者を発生させる可能性もある。こうした結果を回避するためにも多種多様な物資を円滑に補給するシステムが必要となる。単に物資を輸送・保管する業務であれば物流と変わらないが、ロジスティクスの場合、必要とされる場所に的確な情報に基づいて「適時到着」するという概念が内包される。

　特に、組織が肥大化すると、企業の中で各物流がばらばらに運営されがちになる。その結果、企業全体の効率性が損なわれる。市場が著しく変化する中で、非効率な状態では消費者ニーズに俊敏に対応することができない。従って、企業内の販売物流、製造物流、調達物流を統合し、全体の最適な状態を作り上げ、効率化を一段と高めようとするのがロジスティクスの考え方である。なお、今日、ロジスティクス戦略に重要性をおいている流通業の特徴として、量販店をはじめとする規模の経済性を追求する企業・組織あるいはその取引関係者がその傾向にある。

③ サプライチェーン・マネジメント

　ロジスティクスをさらに精巧、進展させたのがサプライチェーン・マネジメントである。この手法はトヨタやデル・コンピュータ、そしてセブン-イレブン等が活用している戦略でもある。「在庫適正化」といった目的をその中核に据えているものでもある。つまり、在庫管

理の徹底を行い、無駄を省きコストを大幅に削減し、適正価格を実現させることがこの戦略には期待されている。しかし、そのためには、取引相手との間に情報ネットワークを構築し、常にその情報の共有化がなされなくてはならない。いわば、かつての日本的流通システムとは真逆の発想の下に概念化されたものといっても過言ではない。情報を共有化することは取引相手を通じてライバル企業に製品情報や販売情報等が漏洩するリスクがあるが、今日のような成熟した経済においてはさらなる効率化経営には必要不可欠な状況にある。つまり、製品ライフサイクルの短命化や消費者ニーズの多様化そして市場の縮小化が進む我国においては益々、如何に的確な商品をスピーディーに消費者の手元に届けるかが重要になる。そのためには、図表8－8の概念図のように常に物と情報とを紐付けし、情報の流れと物の動向を把握することが求められてくる。また、この概念で重要なことは、原材料の調達から販売までの過程を一貫して把握するためにお互いが協働関係になくてはならない。全過程で効率的なマネジメントが実現できなくては意味をなさないという考え方がこの概念にとって重要となるからである。すなわち、「部分的最適化」といった考え方ではなく「全体最適化」という考え方に立ったものが、このサプライチェーン・マネジメントということになる。

　しかしながら、2011年3月11日に発生した東日本大震災の際に、在庫を極力持たないことの脆さを経験した我国では、その見直しも求められるようになりつつあるのも事実である。従って、複数の国や地域にまたがって生産拠点を設け、サプライチェーン・マネジメントを構築していくことも視野に入れながら経営戦略をとっていくことも必要となってこよう。いずれにせよ、物流の進化とその重要性は今後益々、高まっていくことはいうまでもないだろう。なお、今日、サプライチ

図表8-8　サプライチェーン・マネジメントの概念図

原材料業者 → 部品業者 → メーカー → 卸売業者 → 小売業者 → 消費者

出所：齊藤実・矢野裕児・林克彦著『現代ロジスティクス論』中央経済社、2009年、12頁より抜粋。

ェーン・マネジメントに重要性をおいている流通業の特徴として、消費者ニーズの多様化が進展し、多品種少量生産・少量販売、多頻度小口配送を遂行している企業・組織にその傾向があり、同時に、市場が成熟している商品分野にその度合いが強い。

1-5．物流を制すは流通を制す

　かつて物流は生産、販売等の基幹業務を補完する業務と考えられてきた。しかし、その製品を消費者にスピーディーに届けるためには物流は欠かせないものであるし、また、今日のような成熟した消費市場においては如何に欠品や機会ロスを削減し、さらにコストを抑制し品質を保持しながらコストパフォーマンスを実現していくかが競争市場の中では求められてくる。それを実現するためには、輸送や保管といった物流業務を適切に実施できるよう企業・組織はマネジメントしていかなくてはならない。もしそうでなければ、計画通りの生産や販売に影響し、トータルとして利益をもたらすことはできないだろう。

　そうした意味では、物流の合理化こそが企業の持続的発展には欠かすことのできない重要な経営戦略の1つとなってきている。つまり、より高度な物流システムを構築できる企業こそが国内市場だけでなくグローバル市場においても他社に対して競争優位に経営戦略を遂行す

ることができる。「物流を制すは流通を制す」といった言葉が近年叫ばれるように、表層的にはコストの可視化というニュアンスがあるが、その真意は情報ネットワークの構築により市場のニーズ、情報を瞬時に把握することができるところにある。

　従って、そこには物の流れというサービスを向上させることを通じて、流通における情報収集の量と精度を上げ、マーケティング戦略強化に役立てることができるのである。こうした手法は日本だけに限ることなく、国際間の物流、すわなち、国際物流においても同様である。あらゆるビジネスがグローバル化している昨今、当然、グローバル製造業に導かれる形で物流も国際化が求められてくる。国内で培った物流システムを国際市場においても適応した方が、新たな基盤づくりをするよりも効率的だからである。加えて、国内市場の縮小やEPA・FTA・TPPへの参加、そして今後の消費税増税の影響によって、益々、その利益を追求しての国際物流体制への注力は高まっていくだろう。如何に物流におけるコスト管理を高め、同時に需要にマッチングしたものをシステムとして構築するかが国際経営戦略上の重要な鍵となってくる。そのためには、情報の共有化を通じて、消費者ニーズを的確に把握し、原材料の調達から生産の管理そして在庫や輸送を各国内で構築させていくかが課題ともなってくる。

2．経済のグローバル化と進展する国際競争

2-1．産業の空洞化と海外移転・進出への高まり

　近年、東アジア地域における中国の経済発展は目覚ましいものがある。そしてその成長の裏で、日本は一次産品を輸入して完成品を輸出するという貿易構造から一転、段階的にその生産拠点を東アジア地域

等に移行させるようになった。その背景には、慢性的なデフレ経済への対応や少子高齢化要因による消費の低迷に加え、近年の円高による輸出産業の輸出不振等が挙げられる[11]。また、その他法人税を巡る問題や消費税増税等による影響や他国・地域間におけるFTA締結等の影響による収益減を回避すべく東アジア市場への本格的進出が従来にも増して模索されつつある。

一方、国内市場においては、その占有率を高めるための企業間競争が遂行され、同時に合併や買収も加速してきている。様々な企業・組織の思惑はあるものの、その大きな目的の1つに東アジア市場において優位に事業戦略をする狙いもある。すなわち、事業規模の拡大やノウハウ強化を図ることによって収益体制を改善し、同時に資金調達をし易くし経営戦略を図り、東アジア地域市場進出に向けての体質強化を図っているところも多い。

東アジア地域は今日、「世界の工場」とも呼ばれ、多国籍企業が現地法人を設立してそこを拠点にグローバルに経営展開している。日本企業・組織もその例外ではなく、1990年代以降、特に2001年の中国のWTO加盟以降、その規模も拡大している。今日においてもその注目度は劣ることなく、中国での生産活動は持続している。だが、かつてのような低賃金によるローコストオペレーションへの期待は経済発展によりできなくなってきているが、それでも多くの人口を抱える中国市場と中国を拠点に今後、東アジア近隣諸国へと市場拡大するということを前提に考えれば、また日本の現状を考慮すれば、製造業や流通業にとって重要な市場となる。

しかしながら、成長期から成熟期へと向かいつつある中国市場では製造・流通技術も先進国企業・組織の恩恵も相まって進展しているのも事実である。また、沿岸部を中心に常駐するグローバル企業・組織

の今後も暫くは競争関係も激化することが予見される。特に、欧米企業・組織の場合、グローバル市場における実績があるだけに日本企業・組織にとっては脅威的な存在である。財閥組織を持つ韓国企業・組織についてもしかりである。

そうした意味では、如何に中国市場において確固たる拠点を確立するかが成功の鍵となってくる。そのためにはネットワーク網を確立させ、そのネットワーク網を通じて効率的な物の流れと情報の流れを構築する必要がある。そこで重要になってくるのは、製造技術はもちろんのこと、それをスピーディーに輸送する機能や適材・適所に調達・保管する機能も必要となってくる。また、それを優位に進めるためにも情報の共有化とネットワーク化も当然、構築していかなくてはならない。つまり、東アジア市場ニーズに合致した物流網の構築である。こうした戦略に関しては、日本と比較して先行する欧米企業・組織は得意としているため、それを東アジア市場のニーズに対して付加価値サービスとして確立していくかが重要である。

2-2. グローバル化と国際分業体制の確立
1) 社会的インフラストラクチャーとしての国際交通システム

東アジア地域における貿易額は中国の経済発展に伴い、増大傾向にあることは既述した通りである。また経済発展に伴って整備される海路、航路そして道路によってより効率的な輸送が可能となる。こうした交通システムの整備が資本主義経済体制の下では覇権国家になるための必要条件となってくることは言うまでもないが、それは中国だけの利益ではなくそこに拠点を置く個別企業・組織にとっても欠かせない条件となる。海外進出に伴うコスト、すなわち、自国内に製品を逆輸入する際のコストやそこを拠点に諸外国に輸出する際のコストが収

益に大きく影響してくるからである。従って、国際物流網を構築する際にこうした社会的インフラストラクチャーがどの程度整備されているか、あるいは自己の持つ物流網を再構築して現地市場に適応できるか等といった点を検討する必要性もでてくる。場合によっては現地物流企業・組織と業務提携を結んだり外部委託をしたり、あるいは合併・買収することも視野に入れなければならない。いずれにせよ、中国市場、しいては東アジア市場での成功の鍵は自己の製品・サービスとその国際物流網の構築にかかっていることは間違いないだろう。

　因みに、東アジア地域における拠点として筆者が中国を挙げる理由の一つに最近のコンテナの取扱量が示す数値の上で他国を圧巻しているからである。図表8－9が示すように、世界の主要コンテナ港上位の殆どが中国の都市で占められている。船舶による顕著な物の動向は、世界市場に大きな影響を与えることはもちろんのこと、国際ハブ港、

図表8－9　世界の主要コンテナ港上位15（2011年）

	港湾名	国　名	取扱量(万TEU*)
1	上　海	中　国	3,151
2	シンガポール	シンガポール	2,994
3	香　港	中　国	2,440
4	深　圳	中　国	2,257
5	釜　山	韓　国	1,616
6	寧　波	中　国	1,469
7	広　州	中　国	1,440
8	青　島	中　国	1,302
9	ドバイ	アラブ首長国連邦	1,300
10	ロッテルダム	オランダ	1,190
11	天　津	中　国	1,150
12	ポートケラン	マレーシア	976
13	高　雄	台　湾	967
14	ハンブルク	ドイツ	902
15	アントワープ	ベルギー	866

出所：日興アセットマネジメント「国際物流の拠点として注目されるアジア」2012年6月26日付より作成。

第8章　進展する流通システムと国際物流

すなわち、国際物流の拠点としての地位を確立したといっても過言ではない。また、図表8－10が示す空港においても中国併合となった香港や上海・浦東そして北京等が上位にランクインしている。産業の高度化がさらに進展すれば、空港における地位も当然、今後上がってくることは間違いないであろう。こうした観点からも長期的には東アジア市場を支える国際ハブ港が事実上、中国となることを鑑み、国際物流の拠点が中国であることを前提にそのシステムの構築を進めていくことは国際経営戦略を行う上で重要となってくる。さらにもう一言加えるならば、近い将来、中国市場が成熟期に突入した際、精密機器を輸送するには航空輸送への依存度が高くなる。中国を中心に東アジア地域住民のGDPが上昇すれば、若干の物流コストの上昇を伴っても、付加価値として市場には受け入れられるであろう。そうした意味では、益々、この社会的インフラストラクチャーの充実がもたらす経済効果

図表8－10　世界の貨物取扱空港港上位15（2010年）

	空港名	国名	取扱量（万トン）
1	香港国際	中国	417
2	メンフィス	米国	392
3	上海・浦東	中国	323
4	ソウル・仁川	韓国	268
5	アンカレッジ	米国	265
6	パリ・シャルルドゴール	フランス	240
7	フランクフルト国際	ドイツ	228
8	ドバイ国際	アラブ首長国連邦	227
9	東京・成田	日本	217
10	ルイビル国際	米国	184
11	シンガポール・チャンギ国際	シンガポール	184
12	マイアミ国際	米国	184
13	台北・中正	台湾	177
14	ロサンゼルス国際	米国	175
15	北京	中国	155

出所：図表8－9に同じ。

は計り知れないものがあるだろう。

2）デル・コンピュータの国際分業体制とサプライチェーン・マネジメント

　先進国を中心に市場の成熟化が進展し、同時に消費者ニーズの多様化や少子高齢化等、企業・組織にとって益々、効率的な経営が求められている。こうした状況下、我国に先駆けて資本主義の成熟化を迎えた米国では、情報化社会を見据えたビジネスが先行して形成されてきた。その代表的な企業・組織としてデル・コンピュータ（以下、デル）がある。デルはまさに米国という巨大な国土面積の中でBTO（Build To Order：受注生産）という革新的な製造・販売手法を確立し、インターネット普及の恩恵に後押しされる形で瞬く間にその営業範囲を拡大した。インターネットショッピングにおいて重要なことは、価格とスピードである。これは表裏一体の関係にあり、双方が上手く機能することが消費者満足の向上には不可欠となる。つまり、インターネットを通じて中間コスト（価格とスピード）を極力圧縮し、且つ効率化によって削減されるコストを消費者に還元し、同時に自己の収益にもつなげていくことが求められる。それにより過剰な在庫を抱えるリスクも回避され、さらなる価格の低減も実現できる。しかし、それには徹底した高度な物流システムの構築がなされなくてはならない。では、デルは成熟化するPC市場においてどのような物集システムを構築してきたのか、情報の共有化、ネットワーク化という観点から以下、整理してみたい。

① デルのサプライチェーン・マネジメント

　デルは自前で行える業務は自社で行い、その他の業務は外部委託するといったスタンスからビジネス・モデルを形成している。効率的経

第8章　進展する流通システムと国際物流

営を行うために自社の強みと他社の強みを駆使することからビジネスを展開している。また、消費者のニーズの多様化に対応するため個別に注文を受け、個別仕様に合わせてジャスト・イン・タイムで部品メーカーから部品を調達し組み立てて出荷するシステムをつくった。多様化する消費市場に対応するためには、やみくもに市場化し過剰在庫を抱え込むことで価格の上昇を引き起こしたり、自己の収益悪化を招いたりしてしまう。デルはそれを回避するため、極力、在庫をもたず注文を受けてから製品をつくりコストダウンを図り、なおかつ消費者ニーズに合致したものを低価格で提供することに成功している。これが既述したサプライチェーン・マネジメントである。サプライチェーン・システムはコストダウンに注目しがちであるが、必ずしもそれだ

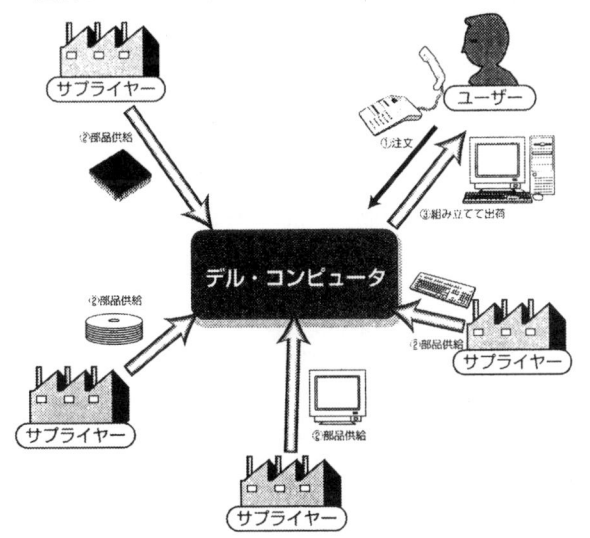

図表8-11　デル・コンピュータのSCMの仕組み概念図

出所：SCM研究会著『【図解】サプライチェーン・マネジメント―開発～販売の全プロセスを効率化し、勝ち残る経営とは』日本実業出版社、2000年、49頁より抜粋。

けではない。戦略の中に情報の共有化とネットワーク化がなされていて、個別データが蓄積されそれに基づく製品づくりとそのサポート、さらに在庫管理の徹底やスピード経営の向上が同時進行され、その結果として品質に対する適正価格が実現できるのである。つまり、デルは情報共有化とネットワーク化を通じて物と情報を紐付し、効率的経営の下、製品の回転率を上げ短期間で商品を消費者に納品し、それによって資金の回収も容易にしたのである[13]。

② デルの国際物流システム

　デルの取り扱っているPCは他の消費財に比べて高価格となる。また、PC市場は非常に製品ライフサイクルが短く、すなわちモデルチェンジが早い。そのため、物流もスピーディーに進めなくてはならない。安価な部品等に関しては船舶による輸送手段を用い、半導体等のコストのかかる部品に関しては航空手段を活用し、サプライチェーン・システムを構築している。受注生産はこうした複数の手段があってこそ迅速な対応が可能となる。

　従って、デルはグローバルな事業展開を繰り広げ規模の経済性を実現するフェデラルエクスプレスとの戦略的提携を結び、物流を外部委託することでより効率的な物流システムを利用することが可能となっている。

3．情報ネットワーク化と今後の国際物流への期待

　これまでみてきたように、今日、日本の経済発展にとって東アジア地域との経済関係はこれまでになく重要になってくる。特に、生産拠点を東アジア地域におく製造業にとっては今後の企業・組織存続のためにも今まで以上に相互関係を深化させていかなくてはならない。そ

のためには、製造業は単に優れた製品をつくりあげることに専念するのではなく、コストも含めて如何に有機的に国内外の事業者間及び消費者間に情報を提供していくかが必要不可欠となる。そして国内外問わずシームレスな高度物流システムを構築し、情報共有化とネットワーク化を通じて、効率的な経営が求められるだろう。また、業界や製品特性あるいは市場における自己組織の占有率や地位等を考慮して物流戦略の意思決定を行うことも必要であろう。例えば、価格主導型なのか製品主導型なのかを市場における自己組織の位置づけによって分類した上で、ロジスティクス戦略を志向するべきか、サプライチェーン・マネジメント戦略を志向すべきかの判断は異なってくる。ただ、国際物流においては現在、大半の場合、現地企業・組織との連携を生かした低価格戦略を志向する傾向にある。

　しかし、中・長期的には消費市場の成熟化を見据え質を求めたサプライチェーン・マネジメント戦略の検討がより幅広く求められることとなろう。原材料の調達から部品製造・調達、そして完成品の保管や輸送から販売に至るまでの全過程を管理することで高品質であり低価格（というよりは付加価値のある適正価格）と利益の双方を確保することができるからである。

　そこで、本節では、情報化社会を見据えた国際物流の在り方と若干の示唆を行っていく。ここでは特に、流通業の国際物流戦略について情報通信技術革新との関係も含めて検討することとしたい。

3-1. 国内物流から国際物流へ
　　　　　―シームレスな高度物流体制構築へ―

　物流には国内物流と国際物流の2つがあり、輸送する際に生じる距離・空間的長さが異なる。また国際物流の場合、国境を越えるため貿

易手続きや通関等の特別な業務が関わってくる。国内物流とは異なり輸送距離が拡大すれば当然、そのコスト及び手続は複雑化する。しかしながら、近年、こうした問題を解決すべく物流における新たなサービス業務が誕生している。それがフォワーダーであり、インテグレーターである。前者は、船会社が港から港までの貨物輸送業務だけを担うのに対し、船会社が行っていないワンストップショッピング（1社で全ての業務を取り扱うこと）のサービスを提供している[14]。つまり、国際複合輸送サービスを行い、ドアー・ツー・ドアーで輸送することで利便性を高め、荷主企業からの集客力をもたせ、規模の経済性によるコスト低減化を高めることを目的としたサービスといえる。

　一方後者は、営業や集配等を行うフォワーダーと空港間輸送を行うキャリアの双方を統合したサービスを提供している。既述したデルの国際物流を委託しているフェデラルエクスプレス等が中心となり、世界規模で圧倒的な市場支配をしている[15]。

　こうした2つの業務サービスの誕生によって従来よりも国際物流が効率的となり、またその複雑化して業務を集約させた中枢機能に国際物流の情報化戦略がある。つまり、情報通信技術の国際物流分野における積極的な導入によりその複雑なシステムが管理し易くなったからであり、このシステムを活用しながら効率的な国際物流を実現していくかが、当然東アジア市場において優位に経営を進めていく上で鍵となってくる。

3－2．大手流通業の再編とロジスティクス戦略

　周知のように、1990年代以降、物流の概念は大きく変化した。その要因は様々あるが、概して製品を市場に投入しても思うように消費されない時代となったことが挙げられる。また、少子高齢化の影響も多

第8章　進展する流通システムと国際物流

分に受け、例えば、流通業の中でも消費財を扱っている業態では需要の減少とその量の減少といった死活問題にも発展している。こうした状況の中、情報通信技術を駆使しながらチェーン・システムを展開し、多様化する消費者ニーズに対応しつつも、規模の経済性を追求するための店舗面積の拡大とその数量の拡大を狙った価格戦略を行う傾向に[16]なってきている。国内市場におけるこうした動向が最近では業界・業態を問わず競争を激化させ、さらにインターネット販売を主としたamazon.comや楽天等の小売業の台頭も相まって再編が進んでいる。価格競争による財務悪化を回避すべく、戦略的提携や業務提携、合併・

図表8－12　家電量販店の主な再編

年	月	家電量販店の主な再編
2002	3	エイデンとデオデオが経営統合し、エディオンが成立
05	1	ビックカメラがソフマップと資本業務提携
06	10	マツヤデンキ、サトームセン、星電社が経営統合し、ぷれっそホールディング設立
07	2	エディオンとビックが資本業務提携
	6	ヤマダ電機がぷれっそホールディングを子会社化
	9	ビックとベスト電器が資本業務提携
		ヤマダがキムラヤセセレクトを子会社化
08	3	ベストがさくらやを子会社化
09	2	エディオンとビックが資本業務提携を解消
10	1	ビックがソフマップ子会社化
12	6	ビックがコジマを子会社化
	7	ヤマダがベスト買収を発表

出所：sankeibiz「家電量販店再編、ヤマダ首位固め布石　業績不振のベスト傘下を急いだ理由」2012年7月30日付より抜粋。[HP] http://www.sankeibiz.jp/business/news/120730/bsd1207300503003-n3.htm （2012/10/07現在掲載中）

買収等といったものを中心に、また、インターネットをはじめとする情報通信技術の導入によって徹底的かつ精巧な管理や取引が一層強化され効率化経営の下で低価格化戦略をするのが一般化するようになってきている。

　例えば、家電業界がその代表的で、ヤマダを筆頭に今後、数社による寡占市場が形成されつつある。規模の経済性を追求し低価格販売を提供しつつも、アフターサービスやメンテナンス、配送等といったサービスの充実も図らなくては生き残れない競争関係となってきている。また、集客力を維持するための品揃えや低価格販売を実現するためには事業の多角化をし、同時により高度な物流改革も行っていかなくてはならない。最も、ヤマダの強みはそこにあり、1997年に他社に先駆けて自社物流センターを全国に設置している。そして一括物流の体制を整えることで、各製造業者が商品をセンターに搬入し商品はセンターを通じて各店舗へ配送されるようになった。[17]多様化する消費者ニーズに合致した深い品揃えをするためには直接、各店舗に製造業者が直接配送といった従来の物流では手間とコストがかかっていた。ヤマダの自前の一括物流体制は、まさに情報通信技術導入の手助けもあり、店舗の無駄な在庫を削除しただけでなく、製造業者の配送コスト削減にも経済的効果をもたらし、仕入価格の低減を実現させ、今日のような低価格販売を可能にしたといえる。[18]一方、ベスト電器を買収した経緯にも、そうした低価格販売を九州地方にも進めていく狙いがある。加えて、国内市場の縮小に伴う収益の悪化を修正する必要性から東アジア市場を見据えた買収でもある。ベスト電器は既にアジア地域に約60店舗と物流拠点を持っている。そうした既存の店舗を起点にさらなる店舗開発を進め、取引先拡充も含めてスピーディーに現地市場に適応させる狙いもそこにある。

3－3．東アジア市場進出本格化への期待

　情報通信技術の発展とそのネットワーク化は在庫管理の効率性を高め、ミスマッチ・リスクを減じることを通じて物流システムの効率化を進め易くした。例えば、流通段階のITを駆使したABC分析という需要動向の管理システムとPOSシステムの連結によって商品の販売動向を即座に把握し、仕入・陳列の体系的管理が我国では一般化してきている。その需要即応システムをより有効に機能させるためにもサプライヤーと直接的な情報共有が必要となるが、それはネットワーク化の発展により容易に可能となった。特に、需要サイドに最も近い小売業では規模の経済性が問われている消費財分野を中心に、その進展度合は加速している。仕入・陳列の体系的管理のためのチェーン・オペレーションの発達によりそうした動向は顕著になり、卸売段階と小売段階での統合を進める原動力となりつつもある。その結果、小売店頭での販売情報やそれに伴う在庫状況等が即財に中間段階を経て、生産部門に即座にフィードバックされるようになり、中間在庫に要するコスト面での効率化も進んでいる。

　また、コスト面に限らず、こうした情報ネットワーク化への取り組みは協業関係を確立させ、一層の多様化に対応した新たな商品開発と需要の掘り起こしを進め易くもする。EDI（電子データ交換）取引やEOS（オンライン受発注システム）取引等による標準化も段階的に進んでおり、大手チェーン小売業との取引関係にある事業者間においては協業関係から組織化に向かっているケースもあり、垂直的な競争というよりはグループとしての水平的競争が激化してきている。

　しかしながら、こうしたグループとしての水平的競争の激化の中で、ロジスティクスであれ、サプライチェーンのいずれであれ、今日の我

国の物流は高度化された情報ネットワークによって協業化され組織化されてきている。従ってこうした国内で培ってきた高度ロジスティクス戦略やサプライチェーン戦略をシームレスに海外でも適応させることで、東アジア市場において優位に事業戦略を進めることができるであろう。また、既に現地生産をしている製造業や現地店舗を所有している小売業や卸売業、物流業も存在している。特に、本章で東アジア市場での拠点として注目した中国に関しては多く存在し、国際物流も整いつつある。加えて、日本国内においては異業種間の競争も一段落し、異業種間での組織化も進んでいる。グループとして規模の拡大が進んでいる事業者は、高度化した国内物流をフルセットで経営資源を海外移転し、現地の消費地の近郊に物流センターを設けて規模の経済性を追求すべき時を迎えているのではなかろうか。[19] さらに円高によって海外への投資がし易くなったことに加えて、大手の事業者ならば、既存の現地企業を買収・経営統合したり、物流施設を購入してもそれほどコストはかからないであろう。[20] おもいきった投資をすべき時なのかもしれない。

　中国市場は成熟期に向かって前進している。工業から流通・サービスへと産業構造が高度化しつつある。一方、日本国内においては最先端の流通システムと高度な物流システムが確立されている。トヨタのカンバン方式をはじめ、情報通信技術を積極的導入したサプライチェーン等、世界でも注目されるビジネス・モデルが国内外問わず、ネットワーク化を通じて広く浸透しつつある。日本市場が縮小しはじめた今、本格的なグローバル展開をすべき時にさしかかっているのではないだろうか。

第8章　進展する流通システムと国際物流

注

1) イマニュエル・ウォーラーステインの理論に関しては次の著書を参照した。イマニュエル・ウォーラーステイン/川北稔訳『近代世界システム1600〜1750：重商主義と「ヨーロッパ世界経済」の凝集』名古屋大学出版会、1993年、イマニュエル・ウォーラーステイン/丸山勝訳『転移する時代：世界システムの軌道1945－2025』藤原書店、1999年及びイマニュエル・ウォーラーステイン/山田鋭夫他訳『世界システムの方法』藤原書店、2002年。
2) 関志雄「世界一の輸出大国となった中国―貿易大国から貿易強国へ―」『中国経済新論―世界の中の中国』経済産業研究所、2010年2月24日、4〜5頁。[HP]http://www.rieti.go.jp/users/china-tr/jp/100224world.htm （2013/08/03現在掲載中）
3) 関志雄、同上論文、4〜5頁。
4) 先進国と異なる条件とは、主に考えられるものは次の3点である。
   1. 鮮度を消費者が重視しているため、どうしても小口配送が必要となる。
   2. 先進国と比較して国土が狭いため、それに伴い各世帯における居住空間も狭くなる傾向にあり、その結果、十分な貯蓄ができず頻繁に購買活動をする必要がでてくる。
   3. 伝統的小規模、多数の小売業が存在する。
5) W/R比率とは、流通迂回比率のことで、卸売業の総販売額を小売業の総販売額で割ったものである。仮に卸売業者が何段階も介在すれば、各段階の卸売販売額が加算されて大きくなるため、この比率も大きくなるというものである。この手法は効率性との関連性を確認する際に、よく用いられる手法である。
6) 齊藤実・矢野裕児・林克彦著『現代ロジスティクス論』中央経済社、2009年、6頁。
7) 物流の基本的概念についての論述は主に齊藤実、矢野裕児、林克彦、同上書、5〜12頁を参照した。
8) 齊藤実・矢野裕児・林克彦著、同上書、7頁。
9) 齊藤実・矢野裕児・林克彦著、同上書、10〜11頁。
10) 梅沢昌太郎・四條亨・原誠共著『ゆうパック・宅配便と流通革命』白桃書房、1991年、5〜7頁。
11) 2013年7月2日執筆現在、円相場は1ドル＝99円台後半で推移している。
12) SCM研究会著『【図解】サプライチェーン・マネジメント－開発〜販売の全プロセスを効率化し、勝ち残る経営とは』日本実業出版社、2000年、48〜50頁。

13) SCM研究会著、同上書、48～50頁。
14) 木村徹「日本の物流とこれからの国際物流の方向」『ロジスティクス・レビュー第14号』[HP]http:www.sakata.co.jp/nletter/nletter_02083.html（2013/08/03現在掲載中）
15) 林克彦「国際物流の動向と商社の役割」『日本貿易会月報』日本貿易会、2011年7・8月号No.694、17頁。
16) 店舗面積の拡大については2000年の大規模小売店舗立地法の施行以降、総合スーパーマーケットを中心にPOSシステムを駆使したABC分析をし、それに基づく大量仕入・大量販売・大量陳列をするようになった。また、数量の拡大については例えば、コストコのようなロット単位に近い販売方式も近年では増えてきている。倉庫同然な店舗で、大量に消費者に購入してもらうことで価格を下げる手法である。こうした手法を取り入れ、さらに集中出店することで物流の効率化を図る小売業も一部みられたり、まとめ買い等の数量に応じて価格を下げる戦略を遂行する小売業も最近、増えている。
17) 仲上哲「専門量販店の成長—その背景と経営にかんする考察—」『阪南論集社会科学編』阪南大学学会、2011年7月21日、Vol.47 No.1、12頁。
18) 田川克己『ヤマダ電機 激安戦略 勝利のシナリオ』パル出版、2008年、80頁。
19) 寺嶋正尚著『事例で学ぶ物流戦略』白桃書房、2010年、117頁。
20) 円相場の推移については11)に示した通りである。

参考文献

イマニュエル・ウォーラーステイン／北川稔訳『近代世界システム1600～1750：重商主義と「ヨーロッパ世界経済」の凝集』名古屋大学出版会、1993年。
イマニュエル・ウォーラーステイン／丸山勝訳『転移する時代：世界システムの軌道 1945－2025』藤原書店、1999年。
イマニュエル・ウォーラーステイン／山田鋭夫他訳『世界システムの方法』藤原書店、2002年。
梅沢昌太郎・四條亨・原誠共著『ゆうパック・宅配便と流通革命』白桃書房、1991年
齊藤実・矢野裕児・林克彦著『現代ロジスティクス論』中央経済社、2009年。
SCM研究会著『【図解】サプライチェーン・マネジメント―開発～販売の全プロセスを効率化し、勝ち残る経営とは』日本実業出版社、2000年。
田川克己『ヤマダ電機 激安戦略 勝利のシナリオ』パル出版、2008年。
寺嶋正尚著『事例で学ぶ物流戦略』白桃書房、2010年
木村徹「日本の物流とこれからの国際物流の方向」『ロジスティクス・レビュー

第14号』[HP] http://www.sakata.co.jp/nletter/nletter_02083.html（2013/08/03現在掲載中）

関志雄「世界一の輸出大国となった中国―貿易大国から貿易強国へ―」『中国経済新論―世界の中の中国』経済産業研究所、2010年2月24日。[HP] http://www.rieti.go.jp/users/china-tr/jp/100224world.htm （2013/08/03現在掲載中）

仲上哲「専門量販店の成長―その背景と経営にかんする考察―」『阪南論集 社会科学編』阪南大学学会、2011年7月21日、Vol.47No.1。

林克彦「国際物流の動向と商社の役割」『日本貿易会月報』日本貿易会、2011年7・8月号No.694.

第9章　多国籍企業と
　　　　　グローバリゼーションの産物

1．序

　2008年にリーマンショックの発生を引き金として世界経済は深刻な危機状態に陥った。その後、アジア諸国を中心とする新興国経済の回復が見られたものの、EUを中心とする先進国の経済不況は今日までも続いている。世界経済危機の影響を受け、世界の対外直接投資（FDI）が大きく落ち込み、先進国を中心とする多国籍企業の活動も大きく後退した。

　しかし、先進国に比べ途上国や新興国は経済回復力が強く、対外直接投資に占める途上国と新興国の割合が増加し続け、2010年にその比率は40％を超えた。中でも中国の対外直接投資額が前年に比べ37.0％増、602億ドルとなり、初めて日本を抜き世界第6位に上がってきた。[1] 現在、レノボ（Lenovo）、ハイアール（Haier）、吉利（Geely）、華為（Huawei）等中国発の著名多国籍企業が世界に打って出ており、新興国企業の台頭によりこれまでの多国籍企業の世界地図が塗り替えられ、世界経済のグローバリゼーションは新たな局面を迎えている。

　本章はまず企業の対外直接投資と多国籍企業の発展歴史を振り返りながら、主な多国籍企業の理論をまとめる。続いて1980年後半からの円高による日本企業の海外進出、特に対中国進出について述べ、日本の多国籍企業の現状を説明する。そして、近年急速に国際競争力を付け世界に展開する中国発多国籍企業の海外進出、特に日本進出について紹介する。最後はまとめとして多国籍企業と世界経済のグローバ

リゼーションの動向について展望する。

2．多国籍企業の歴史と理論発展

2－1．多国籍企業発展の歴史

　国境を超える貿易、経営活動の歴史は古く、エジプト、ギリシャ、中近東、シルクロードなどでその足跡が多く残っている。しかし、企業として国境を越えて活動するのは近代になってからのことである。その代表的な出来事は1600年に設立された英国東インド会社（English East India Company）のアジア地域への進出であった。イギリス王室から貿易や海運、金融などの特許権を取得した東インド会社は、その後約250年に渡りイギリスとアジアの貿易を独占した。一方、東インド会社は王室との係わりや列強植民地支配の急先鋒とも言われ、不評も買った。1858年にイギリス新興工業資本の発展やインド国内の反乱により、東インド会社は解散に追い込まれた。しかし、当時は東インド会社は最大の「多国籍企業」として多国籍企業発展の啓蒙期に大きな影響を与えた。[2]

　現在では、多国籍企業の定義に関して統一されたものがなく、最もよく使われるのが1974年に国連によって定められた定義である。それによれば、多国籍企業（Transnational Corporations, TNCs）とは2カ国以上に生産設備あるいは営業施設を所有する企業を指す。そういう意味で、世界で最初に誕生した多国籍企業は1868年に設立されたアメリカのシンガー・ミシン製造会社（Singer Corporation）であった。

　シンガー社はアメリカ生まれの発明家I. M. シンガーとニューヨークの法律家エドワード・C・クラークが1863年に共同で設立した家庭用ミシン専門製造会社であった。1868年にシンガー社は海外事業拡大

や模造品防止のためスコットランドに海外工場を設立し、イギリスでの現地生産・現地販売という多国籍経営に乗り出した。その後、20世紀初頭までアメリカ国内の大企業の半数以上は海外投資、海外子会社および海外工場の設立を積極的に行った。また、同時期にヨーロッパの大企業も欧州以外の地域に投資し、世界多国籍企業は最初の発展期を迎えた。エクソンモービル（Exxon Mobil Corporation）やロイヤル・ダッチ・シェル（Royal Dutch Shell）、GE社（General Electric）、シーメンス社（Siemens）、ネスレ（Nestlé Ltd）、フィリップス社（Royal Philips Electronics）など現在の数多くの著名多国籍企業はその時代に生まれた。

　第2次世界大戦後、多国籍企業の発展は新しい段階に入った。1950年代から1990年代まで多国籍企業は40年間に渡り拡大してきた。統計によると、大戦後全世界の多国籍企業数はわずか512社だったのに対し、1978年になると一万社を超え10,727社に増えた。中でも、アメリカはその多国籍企業数が1950年代初めからイギリスを追い越し、世界最大の対外直接投資国家になった。1960年にアメリカの対外直接投資額の累計は319億ドルに達し、先進国の対外投資総額の約5割を占め、2位のイギリス（16.6%）を大きく引き離した。

　多国籍企業の急速な発展は世界経済の発展や国際貿易の拡大によるところが大きいものの、冷戦時代に東西が対立した中、両陣営の内部における経済協力の拡大、経済発展を促進する国際政治、国際関係戦略の動きによるところも大きいと言える。また、この時期における国際貿易や分業の深化、交通運輸および情報技術の進歩による輸送コストの低下や情報伝達手段の飛躍的発展も多国籍企業の成長を大きく促進した。

　一方、1970年代以降、日本経済の台頭は多国籍企業の世界地図に新

第9章　多国籍企業とグローバリゼーションの産物

図表9－1　世界対外直接投資の構造変化（％）

	英国	米国	ドイツ	フランス	オランダ	他の西欧諸国	日本	その他	合計
1914年	45	14	14	11	5	5	*	6	100
1938年	40	28	1	9	10	3	*	9	100
1980年	15	40	8	4	8	10	7	8	100
1993年	12	26	9	9	7	10	13	14	100

注：*はその他に含まれる。
出所：五味・安田（2008），p.25。

たな変化をもたらした。高度成長期を経て大きな国際競争力を身に付けた日本企業は国際貿易摩擦の回避や円高対策のため海外直接投資を積極的に行った。それまでの米欧中心の多国籍企業の世界地図に代わって日米欧という新しい局面が形成された。1982～1992年の世界トップ200多国籍企業の変化をみると、アメリカは80社から60社に減少、日本は35社から54社に増加した。図表9－1は20世紀初頭から1990年代初頭までの世界の対外直接投資構造の変化状況を示している。図表からわかるように、1993年に世界に占める日本の対外直接投資の割合が13％に拡大し、アメリカに次ぐ世界第2位になった。1980年代、1990年代において世界の対外直接投資の構造が英米中心から日米欧中心に大きく変わった。

21世紀に入ると、世界の対外直接投資は途上国・新興国の台頭により新しい変化がみられた。特に2008年のリーマンショックの発生により、先進国経済が衰退傾向に向かい、代わって中国やインド、ブラジル、ロシア等新興国は世界の経済成長をけん引する力に成長してきた。

図表9－2は2008～2010年の先進国と途上国別海外直接投資フローの推移を示している。まず、外国資本導入に当たる対内直接投資は2008年以降先進国において大きく減少したことがわかる。特に2010年

の日本の対内直接投資額はマイナスになっており、外国資本が日本国外に純流出していた。対して、途上国はいち早く回復に向かっていることがわかる。特に中国は2010年に早くも2008年の水準に戻り、2011年の対内直接投資額が1,160億ドルに達した[3]。また、途上国・新興国の対内直接投資額が2010年に先進国と同じ5,890億ドルになっており、途上国・新興国が早晩国際直接投資の最大の流入先になることは間違いない。その理由について、藤田（2012）はそれまで生産拠点とされていた途上国が消費市場にもなりつつあり、いわゆる「効率確保型」と「市場確保型」の双方の直接投資が拡大すると指摘した。

図表9－2　地域別海外直接投資の推移（2008～10年）

（単位：10億ドル・％）

地　域	対内直接投資			対外直接投資		
	2008	2009	2010	2008	2009	2010
世界	1,744	1,180	1,249	1,910	1,170	1,316
先進国	965	600	589	1,540	858	923
米国	325	130	228	330	248	329
日本	244	119	－12.5	128	74.7	56.2
途上国	653	506	589	310	264	332
中国	108	95.0	105.7	52.2	48.0	68.0
インド	40.4	34.6	24.6	18.5	14.9	14.6
（世界のFDIに占める割合）						
先進国	55.4	50.8	47.1	80.6	73.3	70.1
米国	18.6	11.0	18.3	17.3	21.2	25.0
日本	14.0	10.1	－1.0	6.7	6.4	4.3
途上国	37.5	42.9	47.2	16.2	22.5	25.3
中国	6.2	8.1	8.5	2.7	4.1	5.2
インド	2.3	2.9	2.0	0.9	1.3	1.1

出所：藤田（2012）図表3および『国際統計年鑑』（中国国家統計局編，2011、2012年版）より作成。

また、対外直接投資の推移をみても、先進国が依然として全体の7割以上を占めているものの、途上国の伸びが高く、2010年に25%以上を占めるようになった。2008年以降、急速な円高が進行していたにもかかわらず、日本の対外直接投資額は逆に年々減少していた。対して中国の対外直接投資額は2010年に680億ドルに達し、日本の562億ドルを大きく上回った。

2-2. 多国籍企業理論の要約

前述のように戦後、国際貿易の拡大や世界経済のグローバル化の進展により世界の多国籍企業は大きく成長し、発展してきた。それに伴い多国籍企業の理論研究も1960年代から盛んに行われており、現在までに国際貿易、国際経営の分野において1つの理論体系は形成された。

(1) 独占優位理論 (Theory of Monopolistic Advantage)

1960年にハイマー（S. H. Hymer）は自分の博士論文において初めて独占優位（Monopolistic Advantage）の概念を用い、企業の海外直接投資の誘因を分析した[4]。ハイマーは20世紀初頭から1950年までのアメリカ企業の対外直接投資行動を分析し、国際間の利子率格差を対外直接投資の動機とみなす「利子率格差説」の限界を指摘し、企業による海外投資の動機は利子率格差ではなく、企業内の特定の経営活動に密接に関連することを示した。その後、ハイマーを支持するキンドルバーガー（C. P. Kindleberger）はハイマーの研究を拡張し、市場競争の不完全性や多国籍企業の技術開発力、製品差別、販売ルート、経営管理、融資能力などの独占優位を産業組織論のアプローチにより説明し、1つの多国籍企業投資理論を確立した。この理論は対外直接投資を一般の証券投資と区別し、企業の生産活動面から多国籍企業の海外進出について新たな理論展開を行ったことにより多国籍企業理論の

基礎を築いた。

　しかし、ハイマーやキンドルバーガーの研究は主にアメリカ製造業の対外直接投資活動を対象にしたため、戦後日本企業の海外展開や現在の発展途上国の海外直接投資行動を説明するには限界があると指摘されている[5]。

（2）プロダクト・サイクル理論（Theory of Product Life Cycle）

　ハーバード大学のバーノン教授（R. C. Vernon）は1966年に経済学専門誌 *Quarterly Journal of Economics* で製品の寿命が周期的に変わること（Product Life Cycle）によって企業の生産拠点が本国（＝先進国）、中進国そして途上国へと展開していくことを説明し、戦後アメリカ多国籍企業の海外展開要因を分析した。バーノンは製品の周期について次の3つの段階に分類した。

　第1段階：製品開発段階（the Phase of Introduction）。この時期、研究開発（R&D）に関して競争力がある先進国は主に国内で新製品を生産し、国内販売を中心に行う。そして、生産の拡大により、海外輸出も順次に行われ、海外市場に浸透していく。

　第2段階：製品成熟段階（the Phase of Maturation）。製品生産技術の成熟により国内生産企業が増え、国内市場において販売競争は激しさが増す。国内企業が海外市場を求め、輸出促進と同時に生産の海外移転や海外子会社の設立が動き出す。

　第3段階：製品標準化段階（the Phase of Standardization）。この段階に入ると製品の大量生産が実現され、生産技術や労働者の熟練度の高さがそれほど要求されなくなり、コストや価格競争が中心になる。コスト削減のため人件費の安い途上国で工場を建設し、製品を本国や他の先進国に輸出するのは多国籍企業の1つの国際経営パターンになる。

プロダクト・サイクル理論は企業の対外直接投資を動学的（ダイナミック）な観点から、寡占要素や空間的な要素を取り入れ、考察した点が高く評価されている。しかし、この理論はこれまでの多国籍企業の国際展開動向をうまく捉えたものの、3つの段階に沿わず、最初から途上国で新製品を展開する多国籍企業についての説明力の限界を露呈する。

（3）内部化理論（Theory of Internalization Advantage）

1976年にバックレーとカソン（P. J. Buckley and M. Casson）はノーベル経済賞受賞者コース（R. H. Coase）の市場取引費用説や市場の不完全性を基に企業の中間製品の市場取引費用は非常に高く、企業の利潤最大化を求めるのが難しいと指摘し、中間製品だけでなく、研究開発からマーケティング、経営マネジメント等まで企業の生産経営活動を内部化し、取引費用の最小化を実現することが多国籍企業の発展要因であると説明した。多国籍企業の内部化は企業にとって多くのメリットをもたらす。1つ目は外部取引より内部取引の不確実性が低く、長期的な生産経営目標を実現しやすい。2つ目は差別価格が設定でき、市場競争で優位に立つ。3つ目は外部取引費用を最小にできる。4つ目は中間製品市場の不確実性を回避できる。5つ目は政府による介入を減じることができる。特に市場取引価格に対する政府の介入がある場合、内部取引価格は公表しないため、政府介入という点を避けられる。

内部化理論は初めて市場取引費用の概念を対外直接投資理論に導入し、企業組織の観点から多国籍企業海外進出の誘因を的確に捉えた。しかし、内部化は企業組織の巨大化や独占傾向に結びつきやすく、また、競争メカニズムの低下により新技術や新製品の開発を阻害する欠点も否定できない。

（4）折衷理論（Eclectic Theory of International Production）

　英国の経済学者のダニング教授（J. H. Dunning）はそれまでの多国籍企業理論を考察し、1981年に彼の代表作『国際生産と多国籍企業』（Dunning, 1981）に集大成し、多国籍企業の折衷理論を提起した。折衷理論はその名の通り、それまでの多国籍企業理論の問題点を指摘し、優れた点をまとめ、多国籍企業の海外投資について総合的に把握する理論であった。すなわち、企業海外投資の決定はその企業の特有の所有権優位性（ownership advantage）、内部化優位性（internalization advantage）および立地優位性（location advantage）によって決められる。

　立地優位性の発見はダニング教授の多国籍理論に対する独自の着想であり、特に低賃金労働の利用や市場開拓、投資先国の税制優遇措置、日本より格段に緩い環境基準などの要因を用いて、1990年代以降の日本エレクトロニクス企業の対アジア、中国進出についてうまく説明できたと評価される（五味・安田 2008, p.52）。ただし、折衷理論の分析対象や分析要因が多国籍企業内部に留まっており、特定の社会、政治環境や宗教、文化等の要件について考慮しなかったという問題点が残っている。

3．日本企業の多国籍化と中国進出

　終戦後間もなく日本政府は「外国為替管理法」を制定し、企業の対外直接投資を認める形にした。しかし、当時日本の国際収支は巨額の赤字に直面しており、海外直接投資を行う外貨の余裕がなく、むしろ国際貿易、すなわち輸出促進策により外貨の獲得が最重要の課題であった。

第9章　多国籍企業とグローバリゼーションの産物

　1970年代に入り、高度経済成長期を経た日本の国際収支が大きく改善され、日本企業の対外直接投資が本格化した。また、ニクソンショック（ブレトン・ウッズ協定（Bretton Woods Agreements）により金ドル交換停止）によって為替レートが固定相場制から変動相場制へ移行した。1971年一年で円対ドルの為替レートが1ドル＝360円から275円へと約四分の一上昇した。急激な円高により輸出中心の日本企業が不利な競争に強いられ、また、日本の家電製品や半導体、自動車等の輸出急増により貿易摩擦、特にアメリカとは激しい貿易紛争が生じた。日本政府は円高や貿易紛争の緩和のため、日本企業の対外直接投資に対し、環境整備、規制緩和政策を行った。1972年は日本の対外直接投資元年とも言われ、多くの日本企業は製品輸出中心から多国籍化経営に乗り出した。1985年のプラザ合意以降、円相場は1ドル＝240円から120円まで倍化し、労働集約的産業の東アジア、東南アジアのシフトが加速した（井川, 2004）。

　1990年代に入ると、中国の改革開放が新たな段階に入り、開発区の建設や外資誘致、関税等に関する優遇政策などが講じられた。また、中国は日本と地理的に近く、長年に築き上げた工業基盤とインフラ整備が充実しており、日本企業にとって他の地域にはない対外直接投資の好条件になっていた。図表9－3は1983年から2010年までの日本の対中国直接投資の推移を表している。図表からわかるように日本の対中国直接投資は3つのブームがあった。第1次ブームは1992年〜1997年であった。特に1995年に日本の対中国直接投資額は75.9億ドルにも達し、アメリカの対中投資より多かった（稲垣・21世紀中国総研2004, 第3章）。

　第2次ブームは中国WTO加盟後2001年から2006年まで続いた。21世紀に入り、中国は「世界の工場」化がさらに進み、資源関連や基盤

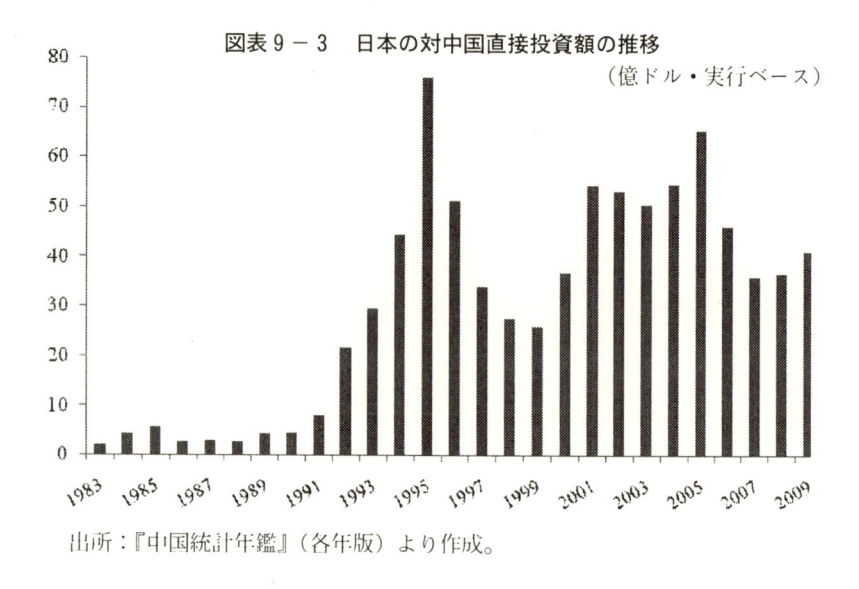

図表9-3 日本の対中国直接投資額の推移

(億ドル・実行ベース)

出所:『中国統計年鑑』(各年版)より作成。

産業から情報技術、ハイテク産業まであらゆる製造工程が中国で行われるようになった。逆に、日本経済は長期低迷により、企業は生産のみならず市場をも求めて中国進出を加速した。また、企業グループという日本特有の産業構造により親会社の中国進出に連れて子会社や関連会社も長期的な取引を維持するためにやむを得ず中国進出を行うケースが多くみられた。

2008年の世界金融危機以降、中国は輸出輸入とも日本の最大の貿易相手国になっており、日中経済関係がさらに深まってきた。また、中国の経済規模(GDP)は2010年に日本を抜いてアメリカに次ぐ世界第2位になったこともあり中国は世界市場としてその魅力がますます注目されるようになった。その中で、製造業に比べて非製造業による中国進出が大きく拡大している。日本貿易振興機構(JETRO)の『2011年の対中直接投資動向』によれば、2010年に世界の非製造業の対中直接投資額が535億ドルに達し、初めて製造業(同496億ドル)を上回っ

た。また、同時期に非製造業の対中直接投資増加率が29.6％となり、製造業（6％）より大きく伸びたことがわかる。2011年についても同じような傾向がみられており、不動産業やサービス業、卸売小売り、輸送郵便事業の対中進出が加速しているのが新たな特徴として示されている。

　日本の対中直接投資と日本企業の対中進出は中国の改革開放の流れに乗り発展する一方、中国経済の成長にも大きく貢献した。現在、約2万2千社余りの日本企業が中国進出を果たしており、アジアの中で2番目と言われるタイの1,327社を大きくリードしている。[6]

　日本企業の多国籍化は資源確保、産業構造調整、貿易紛争の回避、日本経済グローバリゼーションの加速をもたらす一方、産業の空洞化や国内技術開発の遅れ、中小企業経営難、貿易立国という国家戦略にマイナス影響を及ぼすことも否定できない。また、中国の国内情勢や労働コストの上昇、資源・環境問題などにより中国進出にはリスクも伴っている。日本国内でも東日本大震災や資源・エネルギー問題を抱えており、また、シャープやパナソニック、ソニーのような日本を代表する多国籍企業経営が不振に喘ぎ、国家発展戦略および多国籍企業経営戦略についてもう一度考え直す必要がある。

4．中国企業の「走出去」——新興国発多国籍企業

　中国企業の対外直接投資の歴史は浅く、特に改革開放の初期においては海外進出する会社の数や投資額のいずれをみても、そのことが伺える。改革開放の1979年に中国の対外投資で設立した会社数はわずか4社、金額として53万ドルに過ぎなかった。記念すべきものとして、中国の対外直接投資第1号は中国の友誼商業服務公司と日本の東京丸

一株式会社と共同出資によって東京で設立した「京和有限公司」であった。これは中国企業の多国籍化の第一歩として注目に値する。その後、中国企業の対外直接投資が着実に増え、特に1990年代に中国企業の対外直接投資によって新設した会社数が累計2,058社に上り、金額としては27.02億ドルに達した。[7]

中国企業の対外直接投資が本格化したのは2001年に中国が世界貿易機関（WTO）に加盟した後のことであった。それまで抑制されてきた中国企業の対外投資政策が転換され、「走出去」という「世界に出ていく」戦略に変わった。後発ともいわれる中国企業の海外進出は20年余りの改革開放政策により企業が強い国際競争力を身につけられ急速に拡大した。[8] 中国の対外直接投資の発展は次の4つの段階に分けられる。

（1）模索段階（1979〜86年）。改革開放初期には中国企業は対外直接投資の経験が乏しく、外貨も極端に不足していたため、小規模の対外直接投資が多かった。また、中国の対外経済貿易制度改革も始ったばかりで、専門貿易関連会社以外に対外直接投資を認めないという中央政府の規制が強かった。この時期の主な直接投資先はアジア、特に香港、マカオ等東南アジア地域であり、業種は主に貿易サービス、商業、建設工事の請負等であった。

（2）初期発展段階（1987〜92年）。この時期に中国の対外経済貿易制度改革の進展があり、実力がある大型生産企業や非貿易企業の対外直接投資が認められるようになった。1987年から1990年までに約570社の非貿易型対外直接投資が認可され、投資総額が8億ドル以上に上った。この時期に中国の対外直接投資の主体は主に国有企業、金融機関であったが、投資先は90以上の国と地域に拡大し、産業としては商業サービス業から資源開発、生産加工組み立て、交通運輸等に及

んだ。

　（3）安定成長段階（1993～98年）。1993年以降経済過熱の抑制や産業構造調整を行うため、中国政府は海外直接投資の整理整頓、許認可制度を厳しくした。この時期に新増対外直接投資額が約13億ドル、許可した対外直接投資企業数が約1,500社であった。一方、改革開放から20年を経て、中国の対外直接投資総額が約70億ドル、会社総数は約5,800社に上った。

　（4）加速発展期（1999年～）。1999年に中国政府が企業の「走出去」を促す戦略を打ち出してから、中国の対外直接投資が加速発展の段階に突入した。この時期に中国は世界貿易機関（WTO）への加盟も果たし、国際貿易や対外直接投資の制度がよく整備されるようになった。『2010年度中国対外直接投資統計公報』によれば、2010年までに中国の対外直接投資額累計が約3,172億ドル、企業数が1.6万社に上り、世界178の国家と地域に分布している[9]。また、2010年に中国の対外直接投資総額が日本を抜き、世界第6位になり、途上国と新興国の中で最大の対外直接投資国になった。地域分布をみると、EU向けの直接投資額が59.6億ドル、前年比101％増加した。続いてASEAN向けは44億ドル、63％増加した。日本向けは3.38億ドルと比較的少ないものの、前年より3倍も拡大した。

　図表9－4は中国の対外非金融類企業直接投資額の変動状況を表している。図表から分かるように、中国対外直接投資額が年々拡大し、2004年から2008年までは高い伸び率も示されていた。特に、2005年に中国対外直接投資額が前年より123％も増え、初めて年間100億ドルを超えた。しかし、2008年以降中国の対外直接投資の伸び率が急低下し、2011年に1.9％まで下がった。これはEU圏の経済不安や先進国において保護貿易主義が再び台頭したことに関係する一方、中国企業自身の

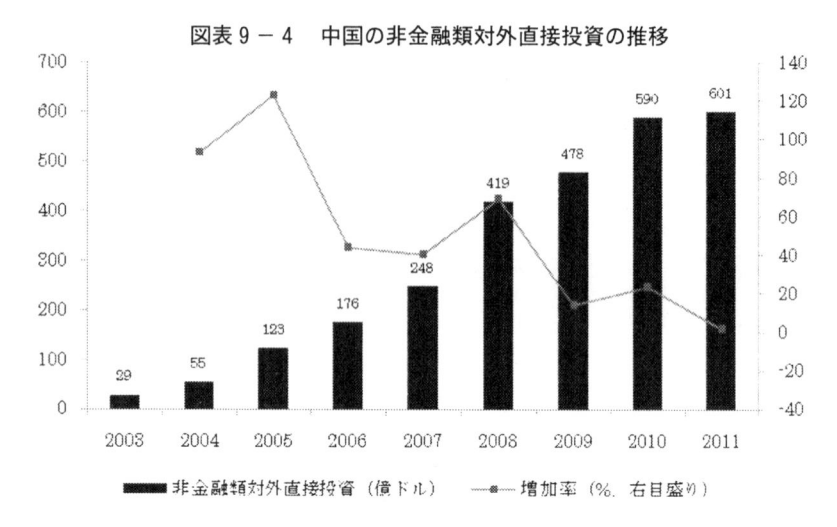

図表 9 - 4　中国の非金融類対外直接投資の推移

出所:「数字之中看変化」(《人民日報》(海外版) 2012年9月12日、2ページ) より作成。

対外直接投資の戦略や構造の変換が求められていることを示している。

近年、中国の対外直接投資における特徴の1つは企業買収 (M&A) の増加であった。2010年に中国企業の対外M&A額が297億ドルに上り、全体の43％を占めた。特に、2010年に中国企業は日本企業に対するM&A件数が37件に上り、初めてアメリカを上回って第一位になった。中でも、2010年にレノボによるNECパソコン部門の買収やハイアールが100億円出資してパナソニックの白物家電部門を買収したことは時の話題となった。日本以外でも、中国の民間自動車メーカーの吉利が2010年にフォード子会社のボルボを18億ドルで買収したことは世界を驚かせた。

しかし、後発国の中国企業による対外直接投資は失敗することも少なくなかった。例えば、2004年末にレノボによるIBMのパソコン部門買収はレノボの市場シェアを一気に世界第3位に引き上げたものの、その後営業収益が悪化し、企業経営には大きなダメージを与えた。ま

た、中国海洋石油総公司（CNOOC）によるアメリカ、ユノカル社の買収は安全保障上の理由でアメリカ議会に差し止められた。

丸川（2008）は中国対外直接投資の理由について「後進市場の開拓」、「戦略的資産の獲得」、「資金調達」と「効率性の向上」という４つのポイントを示唆した。今後、途上国や新興国への市場開拓や資源獲得のため中国企業の対外直接投資は依然としてアジア地域を中心としつつも、南米やアフリカへも展開されていくと予想される。ただし、先進国の技術の獲得や企業ブランド力の向上、国際経営マネジメントの強化等を目的とした欧米や日本への進出も引き続き拡大すると思われる。

5．結び

経済のグローバル化の進展に伴い、企業による対外直接投資、すなわち多国籍企業の展開は世界経済の発展にとって１つの重要な原動力になっている。多国籍企業の総生産額が世界総生産額の10％に上回り、輸出額は世界輸出額の１／３以上を占めている。また、多国籍企業の影響力が大きくなりつつあり、世界経済のみならず、国際関係にも様々な影響を与えるようになった。

一方、世界の多国籍企業の発展過程において1970年代から日本企業の海外進出により欧米中心の多国籍企業の世界地図が塗り替えられ、トヨタやソニー、キャノン、松下、東芝など日本を代表する多国籍企業の名は世界に知れ渡った。また、経済のグローバル化の進展や国際分業体制の発展と共に韓国のサムソン、LG、現代自動車、台湾のTMSC、宏碁（エイサー）、鴻海（ホンハイ）精密工業等、多国籍企業も頭角を現した。21世紀に入ってからは、20年以上改革開放政策を実

施してきた中国は途上国でありながら、対外直接投資や企業の多国籍化が速いスピードで進んできた。

　2008年に発生したリーマンショックにより世界経済が停滞し、またEU経済危機により地域経済統合の動きも減速に余儀なくされた。しかし、企業の国境を超える活動の歴史を踏まえると、資源や環境、エネルギーなど地球規模の問題に世界各国の協力が必要な今日、多国籍企業は世界経済に果たす役割がますます拡大していくと考えられる。

注

1）『ジェトロ世界貿易投資報告（2012年版）』第1章（http://www.jetro.go.jp/world/gtir/2012/pdf/2012-1.pdf）、23ページ。ただし、中国の『国際統計年鑑』（2012年版）では2010年の中国の対外直接投資総額は680億ドルに達し、米国、ドイツに続き世界第3位を記録したとする統計数字も報告されている。
2）英国東インド会社について詳しくは、浅田（1989）を参照されたい。
3）『中国統計摘要』（中国国家統計局編、2012年版）, p.62。
4）Hymer（1976）を参照。
5）五味・安田（2008）, p.46を参照。
6）『週刊東洋経済』（2012/9/15号）, pp.46-47 東洋経済新報社。
7）趙春明等編（2012）第16章を参照。
8）高橋（2008）第7章を参照。
9）中国商務部HP（http://www.mofcom.gov.cn/）を参照。

参考文献

Buckley, P. J. and M. Casson (1976) *The Future of the Multinational Enterprise,* Macmillan（『多国籍企業の将来』清水隆雄訳、文眞堂、1993年）。
Dunning, J. H. (1981) *International Production and Multinational Enterprise,* London, George Allan & Unwin。
Hymer, S. H. (1976) *International Operation of National Firms: A Study of Direct Foreign Investment,* Cambridge MIT Press。
浅田實（1989）『東インド会社：巨大商業資本の盛衰』、講談社。
井川一宏（2004）「貿易・直接投資・援助」,『日本経済論』（植松忠博・小川一夫

編著，ミネルヴァ書房），第11章。

稲垣清・21世紀中国総研（2004）『中国進出企業地図：日系企業・業種別編』，蒼蒼社。

五味紀男・安田賢憲編著（2008）『国際経営論の基礎』，文眞堂。

高橋五郎（2008）『海外進出する中国経済』，日本評論社。

日本貿易振興機構（JETRO）（2012）「2011年の対中直接投資動向」(http://www.jetro.go.jp/jfile/report/07000950/cn_direct_investment.pdf)。

藤田正孝（2012）「2011年国連世界投資報告書：非出資型国際生産と開発」，一般財団法人・海外投融資情報財団（JOI）経済レポート (https://www.joi.or.jp/modules/downloads_open/index.php?page=visit&cid=14&lid=697)。

丸山知雄（2008）「中国発・多国籍企業」，『中国発・多国籍企業』（丸山知雄・中川涼司編著，同友館）第1章。

朱晋偉主編（2011）『跨国経営与管理』，北京大学出版社。

趙春明等編（2012）『跨国公司与国際直接投資』（第2版），機械工業出版社。

終章に変えて―新重商主義の再台頭―[1]

　グローバリズムに対する経済的ナショナリズムの現象は、1970年に入って、新保護主義、あるいは新重商主義（Neo Mercantilism、ネオ・マーカンテイリズム）という言葉が生まれ、各国の独自の保護主義政策が実施されてきた。その後一旦影を潜めたが、今世紀に入って特に2008年のリーマン・ショック以後の米国や主要各国の経済不振は、世界経済、企業の経済行動にも変容を与え、より一層保護主義的は行動が目立ってきた。その象徴は、国家がより強力となり元首により直接的に世界経済においてトップの通商外交を発揮している状況である。正に新新重商主義（Neo Neo Mercantilism）の台頭である。現状での世界経済は、自由貿易を目標としての地域的な協定としてのTPPがクローズ・アップしてきている。

　ＧＡＴＴ創設直後の四半世紀、特に、1960年代は史上最も繁栄した時期であった。ヨーロッパ経済と日本経済は、50年代を通じて急速に成長し、またそれを維持することができた。急速な成長は、先進国が貿易を自由化できる環境を作り上げた[2]。特に、1964年から67年ジュネーブにおいて行われた第6回のＧＡＴＴの貿易交渉ラウンドであるケネディ・ラウンドでの関税引き下げ交渉では、「一括引き下げ方式（Linear across-the-board method）」を導入し、約30,300と言う対象関税品目数の多さだけでなく、その関税率を空前の低水準のレベルにまで引き下げた。

　このことが可能であったのは、60年代において正に世界経済が、新たな自由な国際経済秩序への出発を企図していたからである。しかし1970年代に入って、この期待は、ものの見事に打ち砕かれてしまった。

終章に変えて―新重商主義の再台頭―

すなわちそれは、その時期が71年のニクソン・ショックを幕開けに始まり、73年、79年のオイル・ショックで幕を閉じたという理由があったからである。このような状況下はで、米国をはじめ、日本、ヨーロッパ諸国は、戦前のような熾烈な対立抗争や排他的行為とまではいかないまでも、現実の完全な協調をもたらすことは困難な状況となった。国家利益優先政策を前面に押し出してくるようになった。先進国間において重商主義的思想に基づく新保護貿易主義的行動が到来した。これら経済ナショナリズムは、その後貿易摩擦を表面化させていくことになった。

　もちろん、新保護主義は、そのまま古い形での再生ではなく構造と形態の相違と言う意味で解釈する必要がある。換言すれば、それは、経済における政府の新しい役割に対する新しい姿勢を反映していることである[2]。しかしながら、保護主義の本質は、歴史貫通的な側面が存在することも事実である。

　ナショナリズムとグローバリズムの二律背反的な潮流は、現代世界経済ではWTOと地域主義、自由貿易協定の問題、保護貿易主義を超えた相互主義、管理貿易の台頭など課題としては重要な問題を引き起こしている。そのため、これらの問題を解決することが新しい世界経済の適正なフレーム・ワークを構築することに繋がるものと考えられる。したがって、古典派以前の15世紀中葉～18世紀中葉の重商主義時代においてその同時代人がその思想の弊害と誤謬とを指摘し、正統なる経済思想を導き出した遺産としての理論的支柱を再構築することが重要になってくる。特に国際貿易をめぐる複雑多岐にわたる諸現象を理解する上では、最も基本的で、単純明快な概念であり、これについての理解なしには現代の国際経済、国際貿易を分析するとはできないであろうと思われる[3]。

注

1) 本題名に関しては『新重商主義の再台頭』と題して平成23年に明治大学で行われた日本貿易学会東部支部での講演集参照。
2) Cf., Anne O Krueger, *American Trade Policy A Tragedy in the making, 1995*・星野岳穂他訳『アメリカ通商政策と自由貿易体制』 東洋経済新報社　1996年　39ページ参照。
3) Cf., Kraus Melvyn B、*The New Protectionism The Welfare State and International Trade, 1978, pp. xv-xvi*・石瀬　隆他訳『新保護主義の本質　福祉国家と国際貿易』文眞堂、1988年、序論参照。

執筆者紹介

円居総一（序章、第5章）
日本大学国際関係学部・大学院教授
ロンドン大学　スクール・オブ・エコノミックス（LSE）博士課程修了。Ph.D.

小林　通（第1章、第2章、終章）
日本大学国際関係学部・大学院特任教授
日本大学大学院経済学研究科 貿易、国際経済論 博士課程単位取得満期退学。博士（国際関係）

川戸秀昭（第3章）
日本大学短期大学部准教授
英国ウォーリック大学　国際政治経済研究科修士課程修了。
日本大学大学院国際関係研究科 国際関係 博士後期課程修了。博士（国際関係）

法専充男（第4章）
日本大学国際関係学部・大学院教授
ペンシルバニア大学経済学研究科国際経済学、金融論 博士課程修了。Ph.D.

申　昌鉉（第6章）
日本大学国際関係学部非常勤講師
日本大学大学院国際関係研究科 国際関係 博士後期課程修了。博士（国際関係）

千葉千尋　（第 7 章）
英国ウォーリック大学　国際関係研究科修士課程修了。MA（国際関係）

蓼沼智行（第 8 章）
日本大学国際関係学部准教授
日本大学大学院　国際関係研究科　国際関係　博士後期課程修了。博士（国際関係）

陳　文挙（第 9 章）
日本大学国際関係学部准教授
東京都立大学大学院　社会科学研究科　経済政策　博士後期課程修了。博士（経済学）

国際政治経済学新論
――新しい国際関係の理論と実践――

| 2013年8月31日　第1版第1刷 | 定　価＝2800円＋税 |

編者　川　戸　秀　昭
　　　円　居　総　一　ⓒ
　　　小　林　　　通

発行人　相　良　景　行

発行所　㈲　時　潮　社

〒174-0063　東京都板橋区前野町4-62-15
　　電　　話　03-5915-9046
　　ＦＡＸ　03-5970-4030
　　郵便振替　00190-7-741179　時潮社
　　ＵＲＬ　http://www.jichosha.jp

印刷・相良整版印刷　製本・壺屋製本

乱丁本・落丁本はお取り替えします。
ISBN978-4-7888-0689-4

時潮社の本

現代政治機構の論点
イギリスとEUを中心に
倉島　隆　著
Ａ５判並製・352頁　定価3600円（税別）

世界に先駆けて近代議会制民主主義を確立させたイギリス政治を中心にＥＵ世界の成立から現在、そして未来を読み解く。ユーロ社会が危機の中で大きく転換期を迎えている現在、今後を考察する上で最大の必読書でもある。

展開貿易論
小林　通　著
Ａ５判並製・164頁　定価2800円（税別）

今や貿易は生活の隅々にまで影響を与え、旧来の壁を劇的に突き崩し、史上ない規模に拡大している。だが、実態は様々なベールに覆われ、見えにくい現実も。本書は貿易の流れ・歴史・理論を平明に説き起こし、貿易のノウハウまで追いかけた貿易実務の入門書であり、初学者、中堅実務家に必携の書である。

国際貿易政策論入門
稲葉守満　著
Ａ５判・並製・346頁・定価4000円（税別）

産業貿易史を踏まえつつ貿易理論とその最前線を検証し、ＴＰＰ（環太平洋戦略的経済連携協定）を含む日本の通商政策問題を総合的に判断するための必携書。この１冊で現代貿易の全容がわかる。

イノベーションと流通構造の国際的変化
業態開発戦略、商品開発戦略から情報化戦略への転換
蓼沼智行　著
A5並製・280頁2800円（税別）

国際的トレーサビリティ・システムの構築へ──イノベーションと構造変化の一般化を図り、流通のグローバル化と国際的トレーサビリティ・システムの新たな構築に向けた動きが内包する社会経済的影響と世界システムの変容への示唆を解明する。